New Guide to the Trade Service Etiquette

·现代礼仪丛书·

金正昆 编著

行业服务礼仪

北京大学出版社
PEKING UNIVERSITY PRESS

图书在版编目（CIP）数据

行业服务礼仪/金正昆编著. —北京：北京大学出版社，2009.4
（现代礼仪丛书）
ISBN 978-7-301-15021-4

Ⅰ.行… Ⅱ.金… Ⅲ.商业服务—礼仪 Ⅳ.F718

中国版本图书馆 CIP 数据核字（2009）第 042604 号

书　　　名：	行业服务礼仪
著作责任者：	金正昆　编著
责 任 编 辑：	陈　莉
标 准 书 号：	ISBN 978-7-301-15021-4/F·2136
出 版 发 行：	北京大学出版社
地　　　址：	北京市海淀区成府路 205 号　100871
网　　　址：	http://www.pup.cn　电子邮箱：pw@pup.pku.edu.cn
电　　　话：	邮购部 62752015　发行部 62750672　编辑部 62750112
	出版部 62754962
印 刷 者：	北京丽源印刷厂
经 销 者：	新华书店
	787 毫米×1092 毫米　16 开本　18 印张　261 千字
	2009 年 4 月第 1 版
定　　　价：	36.00 元

未经许可，不得以任何方式复制或抄袭本书之部分或全部内容
版权所有，侵权必究
举报电话：010-62752024
电子邮箱：fd@pup.pku.edu.cn

序言

Preface

服务行业，是城市或地区的文明窗口。服务行业的礼仪规范水准，直接反映所在城市或地区的社会文明程度，是城市的一张直观的名片。随着对外开放的日益扩大和国际交往的日益频繁，我国正加快与世界的接轨与融合，服务行业的礼貌待客也是我国悠久文明的重要展示。

作为社会窗口的服务行业，其服务礼仪是决定其服务水准、服务质量的重要因素。普及服务行业的礼仪知识，明确服务行业的礼仪规范，完善服务行业的礼仪行为，既是建设和谐社会、为社会文明作贡献的表现，又是服务行业本身赢得用户、提高竞争力的发展需要。只有充分调动服务行业全体员工的积极性，着力倡导服务行业的行为规范，才能营造出一个文明和谐的环境，为素有"礼仪之邦"之称的中国，在全世界树起彬彬有礼、热情待客、优质服务的良好形象。

本书依据国际通行惯例，对各个窗口服务行业的从业人员所必须遵循的服务礼仪规范，做了详细阐述和重点介绍。

1. 礼仪的内涵与特征

在当代社会中，与"礼"相关的词最常见的有三

序言

个,即礼仪、礼节和礼貌。在大多情况下,它们被视为一体,甚至可以混合使用。其实,从内涵上来看,三者不可简单地混为一谈。它们之间既有区别,又有联系。礼貌,一般是指在人际交往中,通过言语、动作向交往对象表示谦虚和恭敬,它侧重于表现人的品质与素养。礼节,通常是指人们在交际场合,相互表示尊重、友好的惯用形式,它实际上是礼貌的具体表现方式。礼节与礼貌之间的相互关系是:没有礼节,就无所谓礼貌;有了礼貌,就必然需要具体的礼节。礼仪,则是对礼节、仪式的统称。它是指在人际交往中,自始至终地以一定的、约定俗成的程序和方式来表现的律己、敬人的完整行为。显而易见,礼貌是礼仪的基础,礼节则是礼仪的基本组成部分。换言之,礼仪在层次上要高于礼貌、礼节,其内涵更深、更广。礼仪,实际上是由一系列具体的、表现礼貌的礼节所构成的,它不像礼节一样只是某种单一的做法,而是一个表示礼貌的系统、完整的过程。从本质上讲,三者所表现的都是对人的尊敬。

礼仪所包含的种类很多,例如,商务礼仪、社交礼仪等,而本书将要详细谈到的礼仪也是礼仪的一个分支即服务礼仪。

礼仪是在人们漫长的社会实践中逐步地形成、演变和发展的。现代礼仪具有文明性、普适性、变化性、多样性等特性。

所谓文明性,指礼仪是人类文明的结晶,是现代文明的重要组成部分。人类文明的宗旨是尊重,既是对人

Preface 序言

也是对己的尊重，这种尊重总是同人们的生活方式有机地、自然地、和谐地和毫不勉强地融合在一起，成为人们日常生活、工作中的行为规范。这种行为规范反映着个人的文明素养，比如待人接物热情周到、彬彬有礼；彼此间互帮互助、彼此尊重、和睦相处；注重个人卫生，穿着适时得体，见人总是微笑着问候致意，礼貌交谈，文明用语等就体现了人们的品行修养。

所谓普适性，是指无论是交际礼仪还是服务礼仪，都是人们在社会交往过程中形成并得到共同认可的行为规范。人们尽管分散居住于五大洲、四大洋的不同角落，但是，许多礼仪在全世界都是通用的。例如：问候、打招呼、礼貌用语、各种庆典仪式、签字仪式等场合的礼仪。虽然各国家、各地区、各民族形成了许多特有的风俗习惯，但就礼仪本身的内涵来说，仍具有共通性。而且，正是由于礼仪拥有共通性，才形成了国际交往礼仪。

所谓变化性，是指礼仪随着时间的推移而不断地发生着变化。可以说，每一种礼仪都有其产生、形成、演变、发展的过程。礼仪在运用时也具有灵活性。一般说来，在非正式场合，有些礼仪可不必拘于约定俗成的规范，可增可减，随意性较大。在正式场合，讲究礼仪规范是十分必要的。但如果双方已非常熟悉，即使是较正式的场合，有时也不必过于讲究礼仪规范。

所谓多样性，是指礼仪的多种多样。世界各地礼仪各成体系，从语言的表达礼仪到文字的使用礼仪，从举

序言

止礼仪到规范化仪式，从服饰礼仪到仪表礼仪，从风俗礼仪到宗教礼仪等，在不同的国家、不同的场合，其表达方式都有所不同。比如常见的见面礼节就有握手礼、点头礼、亲吻礼、鞠躬礼、合十礼、脱帽礼、问候礼等。礼仪可谓多种多样，繁纷复杂。有些礼仪所表达的方式或内容，在甲国家或地区与乙国家或地区可能截然相反。

2. 中国的礼仪文化

我国自古就是一个闻名世界的礼仪之邦。早在三千多年前的西周时期，我国的古代礼仪就已基本成型。到了春秋时期，更是由孔子集其大成并发扬光大。此后，由孔子所构造的礼仪体系一直影响中国社会长达两千多年。

我国的古代礼仪提出了礼仪的一些基本原则，制定了人际交往的行为规范，并且强调"礼之用，和为贵"，这些都是可以为现代礼仪所借鉴的。

与古代礼仪相比，现代礼仪更为关心的是人际交往的成功，因此其核心内容就是人际交往的行为规范。在继承我国古代礼仪的精华的同时，现代礼仪十分注意汲取外国礼仪，特别是注意吸收目前通行的当代国际礼仪的一切长处，为我所用。

中国的传统礼仪文化，强调人际"和谐"。众所周知，"和谐"是中国传统文化的精华。在中国古代经典里，把各种关系的协调和连贯一致比喻为悦耳的音乐一

Preface 序言

样"和谐"。中国古人把"和谐"作为处理人与自然、人与人、人与社会、人的身心之间等关系的理想范式，并使之成为中国传统文化思想中的普遍原理。

一般而言，"和谐"思想的主要内容，包括"和平、和睦、仁爱"。

"和平"是"和谐"思想在国家关系上的体现。中华民族具有十分深厚的文化底蕴，中国历来非常崇尚"和"的思想。中国古代著名思想家墨子所提倡的反对武力和战争、以德治国的思想在现今看来也是非常正确的。因此，在"以和为贵"的理念和价值观的影响下，中华民族形成了崇尚和平、反对战争的历史传统。

"和睦"是"和谐"思想在处理家庭、民族、宗教等关系上的体现。和睦，通常是指相处融洽、包容、和善。在家庭关系中，中国传统文化主张"家和万事兴"。在民族关系和宗教关系问题上，同样需要和睦相处、互惠互利，只有具有忍让和宽容的胸怀，才能在处理相互关系中化干戈为玉帛。

"仁爱"是"和谐"关系在人与人关系上的体现。中国传统文化强调人伦和谐的思想，儒家思想更追求"仁者爱人"。即用博爱之心理解、包容、关爱他人，在亲人、朋友之间，甚至是同对手竞争中也应心存仁爱之心。仁爱能使不同种族、不同阶层的人走到一起，建立起人们的诚信、理解、关怀的信念。

3. 行业服务礼仪的自身发展

随着科技的发展、信息的发达，企业的技术、产

序言 Preface

品、营销策略等很容易被竞争对手所模仿，而代表本企业形象的服务意识及由每位员工表现出来的服务精神却是不可模仿的。

在市场经济条件下，商品的竞争就是服务的竞争。怎样把客户放在首位，最大限度地为客户提供规范化、人性化的服务，以满足客户需求，是现代企业面临的最大挑战。所以，现代服务行业必须在服务上下工夫，才能在同行业中获得持续、较强的竞争力。

对于服务人员来说，如何做好服务工作，不仅需要职业技能，更需要懂得服务礼仪规范：热情周到的态度、敏锐的观察能力、良好的口语表达能力以及灵活、规范的事件处理能力。

什么是行业服务礼仪？就是服务人员在工作岗位上，通过言谈、举止、行为等，对客户表示尊重和友好的行为规范和惯例。简单地说，就是服务人员在工作场合适用的礼仪规范和工作艺术。行业服务礼仪是体现服务的具体过程和手段，使无形的服务有形化、规范化、系统化。

有形、规范、系统的行业服务礼仪，不仅可以树立服务人员和企业良好的形象，更可以塑造受客户欢迎的服务规范和服务技巧，能让服务人员在和客户交往中赢得理解、好感和信任。

所以，对服务行业的每一个从业人员来说，学习和运用服务礼仪，已不仅仅是自身形象的需要，更是提高企业效益、提升企业竞争力的需要。

Preface 序言

　　总之，行业服务礼仪所注重的既是塑造中华文明的需要，也与建设和谐社会的精神相辅相成。我们相信，通过服务行业全体人员的共同努力，以及2008年北京奥运会的大力推动和集中展示，礼仪之邦的优秀传统一定会与当代文明达到完美的融合。

目 录

序 言 1

上篇 行业服务礼仪的基本规范

第 1 章 礼貌待客

一、待客准则 4

二、友善热忱 10

三、服务周全 13

第 2 章 文明迎客

一、仪容端正 18

二、语言文雅 23

三、举止规范 32

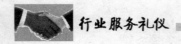

第3章 交际有礼

一、初次接待 …………………………………………… 44
二、交谈礼仪 …………………………………………… 50
三、互访礼仪 …………………………………………… 53
四、馈赠礼仪 …………………………………………… 61

第4章 涉外服务

一、涉外通则 …………………………………………… 72
二、礼宾规范 …………………………………………… 81
三、食宿周到 …………………………………………… 91

下篇 具体服务行业的礼仪规范

第5章 交通服务礼仪

一、客车服务 …………………………………………… 100
二、出租车服务 ………………………………………… 113

目 录

三、空乘人员服务 …………………………………………… 124

第 6 章　酒店服务礼仪

一、服务的基本要求 ………………………………………… 134

二、前厅服务礼仪 …………………………………………… 137

三、客房服务 ………………………………………………… 144

四、康乐服务 ………………………………………………… 151

第 7 章　餐饮服务礼仪

一、服务的基本要求 ………………………………………… 158

二、中餐的宴会服务 ………………………………………… 167

三、西餐的宴会服务 ………………………………………… 175

第 8 章　商场服务礼仪

一、服务的基本要求 ………………………………………… 180

二、营业员的工作 …………………………………………… 185

三、商场销售 ………………………………………………… 194

四、商品导购 ………………………………………………… 201

第 9 章　银行服务礼仪

一、服务的基本要求 ·· 212
二、银行的服务礼仪 ·· 221
三、银行服务的规范 ·· 232

第 10 章　旅游服务礼仪

一、员工素质 ··· 238
二、形象礼仪 ··· 243
三、礼貌用语 ··· 247
四、旅行社的服务 ·· 251
五、导游员的服务 ·· 259

后　记 ·· 273

上篇

行业服务礼仪的基本规范

How to talk ?
How to do ?

How to offer service ?

How to talk ?
How to do ?

礼貌待客

"有朋自远方来，不亦乐乎。"这句圣人之言已被国人吟诵了两千多年。自古以来，礼貌待客就是中华礼仪之邦的应有风范。随着时代的发展，在物质生活日益丰富的今天，人们在公务活动与社会交往中，对礼仪的要求越来越高。同时，随着我国对外开放的不断扩大，越来越多的国际友人来华进行商务或旅游活动。东西方文化的差异，要求我们的待客之道必须符合一定的礼仪规范。因此，了解相关的礼仪知识，提供周到的文明服务，可以为服务行业带来阳光与春风。

How to offer service ?

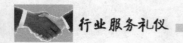

一、待客准则

礼仪，作为人类社会维系社会正常生活的道德行为规范，必须以共同遵守为前提。在服务行业的服务活动中，每一位参与者都必须用礼仪去规范自己的言行举止。服务行业的待客准则，是对所有服务人员的基本要求，也是服务人员良好素质的基本体现，是确保服务活动达到预期效果的基本规范。

1. 基本原则

待客的基本原则

△ 尊敬原则　　△ 自律原则

△ 宽容原则　　△ 真诚原则

△ 适度原则　　△ 从俗原则

△ 平等原则

（1）尊敬原则

在服务活动中，尊敬客人是服务礼仪的情感基础。人与人之间是相互平等的，虽然在种族、民族、年龄、性别、职务上不尽相同，但在人格上是没有贵贱之分的。尊敬服务对象，这不是卑下，而是一种重视人格、讲究礼仪的表现。人们在社会交往中，要敬人之心常存，处处不可失敬于人，不可伤害他人的尊严，更不能侮辱对方的人格。尊敬是相互的，只有尊敬他人，才能收获他人的尊敬。

第1章 礼貌待客

（2）自律原则

自律就是服务人员的自我要求、自我约束、自我反省、自我检查，时时处处用礼仪准则规范和要求自我的言行举止，知道自己应该做什么，不该做什么，这是服务礼仪的基础和出发点。自律不仅仅针对某一事某一时，而应该是长期坚持自我学习、自我磨炼的过程。在服务活动中，要把遵守礼仪作为一种习惯。只有这样，才能在面对顾客的时候应付自如。

（3）宽容原则

宽容，就是服务人员对客人的宽宏大量，能容人，能原谅对方的过失。在服务活动中努力做到以己推人，设身处地为对方多着想。对待客人的一些不当之处，能够豁达大度，有气量，不计较和不追究。

（4）真诚原则

人与人相交贵在交心，人与人相知贵在知品，人与人相敬贵在敬德。真诚是服务人员的做人之本，立业之道。服务人员服务时，必须做到诚信无欺、言行一致、表里如一。在服务活动中，如果服务人员缺乏真诚，不仅不可能达到预期目的，更无法保证服务效果。

（5）适度原则

适度就是把握分寸。礼仪是一种程序规定，而程序自身就是一种"度"，在哲学上，"度"指的是事物保持自己的质的数量界限，超过这个界限，就要引起质的变化。孔子曾说："过犹不及。"在孔子看来，事情做得过头了和没有做到位是一样的效果。就像禅宗里所说，最好的境界就是"花未全开月未圆"。在服务活动，服务人员事事、时时、处处都要把握说话与办事的分寸，遵循适度原则。

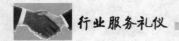

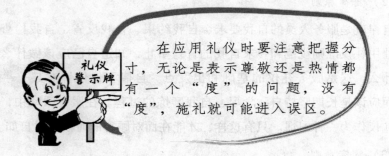

在应用礼仪时要注意把握分寸，无论是表示尊敬还是热情都有一个"度"的问题，没有"度"，施礼就可能进入误区。

（6）从俗原则

从俗就是指交往各方都应尊重相互之间的风俗、习惯，了解并尊重各自的禁忌。如果不注意禁忌，就会在交际中引起障碍和麻烦。由于国情、民族、文化背景的不同，必须坚持入乡随俗，与绝大多数人的习惯做法保持一致，切勿目中无人，自以为是。

（7）平等原则

礼仪是在平等的基础上形成的。平等是礼仪的核心，即尊重交往对象，以礼相待，对任何交往对象都必须一视同仁，给予同等程度的礼遇，"看人下菜碟"的思想是要不得的。

2. "3A 法则"

在服务活动中，服务人员欲向服务对象表达自己的敬意的时候，必须善于抓住如下三个重点环节，即接受服务对象、重视服务对象、赞美服务对象。由于在英文里，"接受"、"重视"、"赞美"这三个词汇都以字母"A"打头，所以它们又被称做"3A 法则"。

第1章 礼貌待客

待客"3A法则"

△ 接受服务对象

△ 重视服务对象

△ 赞美服务对象

（1）接受服务对象

在服务中，服务人员应当积极、热情、主动地接近服务对象，淡化彼此之间的戒备、抵触和对立的情绪，恰到好处地向对方表示亲近友好之意，将对方当做自己人来看待，这样就能真正将消费者视为自己的"上帝"和"衣食父母"，诚心诚意地意识到消费者至上，服务人员应当在内心确认：客人通常都是正确的。只有做到了这一点，才能真正地提高自己的服务质量。

（2）重视服务对象

在服务活动中，服务人员应当将每一位服务对象都视为"贵宾"，主动关心服务对象。为此，首先应当做到目中有人，招之即来，有求必应，有问必答，想对方之所想，急对方之所急，认真满足对方的要求，努力为其提供良好的服务。服务人员重视服务对象的细节，包括牢记服务对象的姓名、善用服务对象的尊称、倾听服务对象的要求等。

（3）赞美服务对象

服务人员在向服务对象提供具体服务的过程中，要善于发现对方之所长，并且及时地、恰到好处地对其表示欣赏、肯定、称赞与钦佩。这种方法的最大好处是可以争取服务对象的合作，使服务人员与服务对象双方在整个服务过程中和睦而友善地相处。服务人员在有必要赞美服务对象时，要注意适可而止、实事求是、恰如其分，否则自己对对方的赞美往往难以奏效。

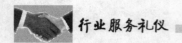

3. 亲和效应

人们在人际交往中，往往会因为彼此之间存在着某些共同点或近似之处，从而感到相互之间更加容易接近，这就是我们常说的亲和效应。认识亲和效应，需要把握以下三点。

（1）近似性

人与人之间的一定的相近之处，会给其交际关系的建立提供极大的方便，并且会给双方之间的正常交往带来积极的促进作用。

（2）间隔性

人们在与他人交往时，发现、感觉到彼此之间的共同之处或近似之处，是需要一段时间的。这种时间上的滞后被称为间隔性。

它告诉服务人员，一旦发觉自己的服务存在问题之后，应及时采取必要的补救性措施，只要将功补过，还是有希望被服务对象重新接受的。

（3）亲和力

服务行业、服务人员与服务对象，尤其是常来常往的服务对象之间形成亲和力，无疑是非常必要的。做到这一点的要求是：待人如己、出自真心、不图回报。

4. 零度干扰

零度干扰理论，亦称做零干扰理论。其主旨是要求服务行业与服务人员在服务过程中，应尽量为服务对象创造一个宽松、舒畅、安全、自由、随意的环境。使服务对象在服务过程中所受到的干扰越少越好。

服务行业与服务人员要贯彻落实好这个主旨，应当特别注意以下三个方面：

第1章 礼貌待客

待客零度干扰

△ 创造无干扰环境
△ 保持适度的距离
△ 热情服务无干扰

(1) 创造无干扰环境

为服务对象创造无干扰的周边环境，需要服务行业与服务人员作多方面的努力，如讲究卫生、重视陈设、限制噪声、注意气温、注意光线与色调等。

(2) 保持适度的距离

对于服务人员来说，在自己的工作岗位上需要与服务对象保持信任距离。所谓信任距离，即保持在对方视线之外的距离。但必须力戒两点：一是不要躲在附近，似乎是在暗中监视服务对象；二是不要去而不返，令服务对象在需要服务人员帮助时找不到任何人。

(3) 热情服务无干扰

服务人员在向服务对象提供热情服务时，务必谨记热情有度，把握好热情的具体分寸。服务人员要向服务对象提供无干扰的热情服务，特别有必要注意语言、表情和举止三个方面。

二、友善热忱

热情友善，是我们中华民族的传统美德。对于服务行业来说，更需服务人员将其发扬光大，想宾客之所想，急宾客之所急，使宾客有宾至如归的感觉，从而为自己及本企业赢得良好的声誉。

1. 待客三声

待客三声或者叫服务三声。如果没有这个待客三声，礼貌服务就不能够得以体现。那么什么是待客三声呢？就是在接待客人的过程中，不管你在哪个行业工作，一般情况下，以下三句话都必须要说。

待客三声
△ 来有迎声
△ 问有答声
△ 去有送声

（1）来有迎声

当客人到达你的工作区域时，你要主动问候对方。"您好，欢迎光临"，"很高兴见到您"，诸如此类。虽然跟别人主动打招呼，别人不一定对你加以赞许，但是当客人到你这来，连招呼都不打，甚至有不屑一顾之感，那一定会失礼于对方。所以在待客三声中，来有迎声是绝对不能够缺

第1章 礼貌待客

少的。

(2) 问有答声

当为客人服务时，不管是从事商场服务，还是从事银行服务、或者在其他任何一个服务岗位，虽然没有必要主动去跟客人攀谈，但一定要做到有问必答，不能一问三不知。

(3) 去有送声

当客人离开你的这个岗位时，不管对方有没有消费，不管对方态度如何，都要主动向客人道别："慢走"、"保重"、"拜拜"、"欢迎再来"，诸如此类。

来有迎声、问有答声、去有送声，实际上贯穿在服务接待的整个环节，从头至尾。来有迎声是客人到达的时候，去有送声是客人离开的时候，问有答声是正在接待客人为其服务的时候。所以这三句话是不能够缺少的。待客三声是现代文明服务的基本要求。

2. 友善五句

在服务活动中，服务人员待人要热情友善，其中，有五句礼貌用语不仅要说，而且要多说。

友善五句
△ 多说"你好"
△ 常说"请"字
△ 要说"谢谢"
△ 会说"对不起"
△ 必说"再见"

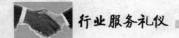

(1) 多说"你好"

服务人员要养成习惯,当客人抵达的时候,要主动问候对方,说"你好"。必要的时候还可以加上时效性问候,如"上午好"、"下午好"、"晚上好"等。

(2) 常说"请"字

在服务过程中,服务人员在需要客人帮助、理解、支持、合作的时候,要说"请":"请"、"请坐"、"请上坐"、"这边请"、"请用茶"、"请慢走",诸如此类,不能缺少。

(3) 要说"谢谢"

当客人帮助了自己、理解了自己、支持了自己时,要多说"谢谢"。有来有往才是互相尊重,来而不往非礼也。当客人帮助你、理解你、支持你之后,如果缺少这一个"谢"字,友善和尊重就少了一点,所以说,感谢语是不能缺少的。

(4) 会说"对不起"

在怠慢了客人、伤害了客人、打扰了客人、妨碍了客人、影响了客人时,要及时地向对方说"抱歉"、"对不起"。主动承认错误是一种勇敢,主动向别人表示歉意也是一种友善。

(5) 必说"再见"

当客人离开的时候,要主动说"保重"、"再见"、"慢走"、"欢迎再来",诸如此类。

服务人员应该经常说这五句话。在服务活动中,如果服务人员略知外文的话,不妨以交往对象所在国的本国语言表达友善。

一般而论,主动问候对方这条我们的服务人员不难做到,但其他的礼貌语言有时候就遗忘了,或者不能够恰到好处地使用。

三、服务周全

作为服务行业,服务周全是其基本行业准则。服务周全既具有统一规范的要求,又具有很大的灵活性,有时需服务人员根据实际情况提供个性化服务。向客人提供周全的服务,体现着服务人员的良好素质。

1. 文明服务

文明,首先是发展到较高阶段和具有较高文化修养的一种社会状态。同时,也是人类创造的物质与精神成果的总和。现代人对文明的要求越来越高。

就服务而论,文明服务的总体要求是,服务大员在服务过程中,要体现良好的企业文化和优异的个人服务素质。它要求服务人员的服务工作要做到以下几点:

文明服务的基本要求

△ 规范服务
△ 科学服务
△ 优质服务

(1)规范服务

规范服务是文明服务的前提,只有遵循一定的规范和标准,服务人员才能真正做到文明服务。所谓规范就是我们平常说的规矩。待人接物，从事服务，如果不讲规矩，就毫无文明服务可言。总之，规范服务实际上就是要求服务行业为服务对象提供标准化、正规化、规范化的服务。

(2) 科学服务

这里讲的科学服务，实际上是要求广大服务人员，在服务过程中掌握科学有效的现代服务方法。这实际上谈的是服务技巧问题。科学服务就是要有方法、有方式，就是在服务中不能够无规矩地乱来，实际上是规范服务的进一步的、高层次的要求。

(3) 优质服务

优质服务，就是服务的好上加好、精益求精。从某种意义上来讲，强调优质服务，就是要不断地提高自身服务质量，人无我有，人有我优，更上一层楼，不断进步。

在文明服务的要求中，规范服务、科学服务、优质服务有连带关系。没有规范服务，就谈不到科学服务、优质服务。科学服务不到位，也就无优质服务可言。只有三者都做到了，才是真正的文明服务。

只要做到了规范服务、科学服务、优质服务，服务质量才会提高。

2. 主动服务

所谓主动服务，就是要服务在宾客开口之前。一个简单的服务却包含着这样一种意义：主动服务表现了提供服务的企业功能的齐全与完备；主动服务也意味着服务人员要有更强的情感投入。有了服务规范和工作标准，只能说是有了为达到一流服务而应具备的基础条件，并不等于就有了一流的服务。员工们只有把自己的情感投入到一招一式、一人一事的服务中去，真正尊重客人，真正从心里理解他们，关心他们，才能使自己的服务更具有人情味，让客人倍感亲切，从中体会到服务企业和服务人员的服务水准。

总之，主动服务是服务礼仪中特别强调的一种精神。

第1章 礼貌待客

主动服务在很多场合下,常常以一种超前性的服务行为表现出来,这种服务的超前性是指服务人员善于急顾客所急,想顾客所想,往往在宾客尚未提出要求之前,就以主动的服务行为满足了宾客的需要,正因其具有超前性,能给宾客带来更强烈的欢愉性,甚至终身难忘。

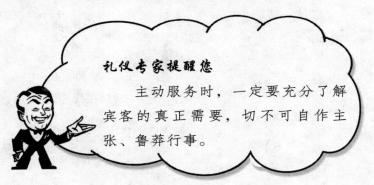

礼仪专家提醒您

主动服务时,一定要充分了解宾客的真正需要,切不可自作主张、鲁莽行事。

在服务工作中,服务人员不可自作聪明,未弄清客人的要求,就草率地做出判断。这种做法不可谓不主动,但其结果很可能是南辕北辙,事与愿违,或令顾客啼笑皆非,或让顾客大失所望。其实这种"迅速"与主动服务无缘,是冒失行为,故不可取。

3. 周到服务

所谓周到服务,是指在服务内容和项目上想得细致入微,处处方便客人、体贴客人,千方百计帮助客人排忧解难,这些服务是实质性的,客人能直接享受到的。周到服务还体现在不但能做到、做好共性规范服务,还能做到、做好个性服务。在当前服务业竞争日益激烈的情况下,对相近类型和级别的饭店而言,最根本、最有效、最持久的竞争手段,是通过向客人提供竞争对手无法学到或短期内无法仿效的、客人需要的、可以长期坚持下去并能促进赢利的服务,这也就是人们常说的个性服务。

个性服务有别于一般意义上的规范服务,它要求有超常的更为主动、周到的服务。所谓超常服务,就是用超出常规的方式满足宾客偶然的、个别的、特殊的需求。

How to talk ?
How to do ?

第 2 章

文明迎客

"来的都是客,全凭嘴一张。"这是《沙家浜》里阿庆嫂的一句唱词。凡是接受服务的都是客人,但是,提供服务的人员仅凭一张嘴是不够的。实际上,服务行业的服务文明不仅表现在硬件上,更体现在服务人员的外在仪表、精神气度、文雅的语言、真诚的微笑以及耐心、细心、真心的服务态度和服务质量上。文明得体的服务,能让客人"宾至如归",产生"回到家了"的轻松美好的感觉。

How to offer service ?

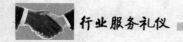

一、仪容端正

讲究仪表仪容的美,是一种设计美、创造美的过程,它是人际交往中人们都必须遵守的礼仪规范。在长期的实践中,人们对服务人员仪表仪容美的要求有了一些共识,并渐渐形成了一种规范。作为服务行业的服务人员,必须遵循这一规范。

1. 面部修饰

服务人员在自己的工作岗位上服务于人时,必须对自己面部的修饰予以高度的重视。为此,必须注意以下几方面:

(1) 基本的规范

在修饰个人面部时,每一名服务人员均须符合并自觉遵守美化形象和注重修饰这两项基本规范。

(2) 修饰的规范

进行个人面部修饰时,服务人员应当遵守的总的指导性规则,是要使之洁净、卫生、自然。

(3) 局部的修饰

服务人员在进行面部修饰时,应当特别重视眉毛、眼睛、耳朵、鼻子、嘴几个重要部位的修饰。

2. 头发修饰

服务人员在进行个人头发修饰时,应当注意以下三个主要问题:

第2章 文明迎客

(1) 头发的整洁

要避免头发的不洁,要自觉做到经常洗头和经常修整。

(2) 头发的造型

服务行业要求服务人员在选择本人的发型时,要优先考虑自己的工作性质,要做到长短适当和风格庄重。

(3) 头发的美化

服务人员在采用不同的具体方法来为自己美发时,必须遵守一些具体的规定,如护发、烫发、假发、帽子和发饰方面的要求。

3. 面部化妆

除极其个别的岗位有特殊的要求之外,广大服务人员,尤其供职于"窗口部门"的服务人员,一般应当进行适当的化妆,即"淡妆上岗"。

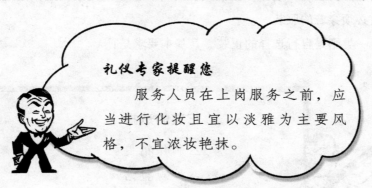

礼仪专家提醒您

服务人员在上岗服务之前,应当进行化妆且宜以淡雅为主要风格,不宜浓妆艳抹。

(1) 化妆的作用

服务人员在上岗服务前进行个人化妆,有着如下三重作用:一是有助于表现服务人员的自尊自爱;二是有助于表现服务人员的爱岗敬业精神;三是有助于表现服务人员的训练有素。

(2) 化妆的守则

服务人员所应遵守的化妆守则,大致有淡雅、简洁、适度、庄重、避

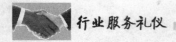

短等方面。

(3) 化妆方法

服务人员为在工作岗位上维护自我形象所进行的化妆，大体上应当分为涂粉底、画眼线、涂眼影、描眉形、上腮红、涂唇彩、喷香水等几个步骤。

4. 选择正装

对于服务人员来说，正装即意味着在工作时，按照有关规定，应当穿着的、与本人所扮演的服务角色相称的正式服装。

从总体上来看，服务人员平常所穿着的正装大体上可以分为如下两类：

一类是统一指定的正装，又叫做制服，或工作服、职业服。它由服务单位为全体员工统一制作，在款式、面料、色彩上完全相同，按规定在工作岗位必须穿着的服装。

另一类则是自行选择的正装。其基本要求是：

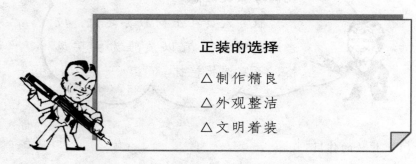

正装的选择
△ 制作精良
△ 外观整洁
△ 文明着装

(1) 制作精良

服务人员的正装应当制作精良，要求选择优良的面料、设计适当的款式、进行精心的缝制。

(2) 外观整洁

要求服装不能布满折皱、出现残破、遍布污渍、沾有脏物、充斥

第2章 文明迎客

体味。

（3）文明着装

在工作中，服务人员着的正装不仅要强调美观，还要重视雅观与否。具体讲，主要需要避免在选着正装时触犯四个方面的禁忌，即过分裸露、过分透薄、过分瘦小、过分艳丽。

5. 选择便装

按照服务礼仪的基本规范，服务人员在为自己选择便装时，必须认真地对便装适用的场合、自身特点以及正确的搭配等三个方面的重点问题予以系统的考虑。

便装的选择

△ 适用的场合
△ 自身的特点
△ 正确的搭配

（1）适用的场合

服务人员在非正式的场合里方可身着便装。

但在一些特定的情况下，工作中的服务人员有时也被允许身着便装。一是在便装销售时，销售便装者可以身着便装，充当模特，以身示范。二是工作性质较为特殊，身着正装多有不便之时。例如游泳陪练。三是服务单位统一将某种便装规定为本单位的正装时。

（2）自身的特点

服务人员在考虑便装对自己合宜与否的问题时，需要注意自己的性别、年龄与身材特点。

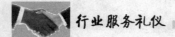

- 性别。有一些便装有着明显的男女之分。
- 年龄。服务人员在为自己选择便装时，大体上还是应当使之与自己的年龄相称。
- 身材。服务人员在为自己选择便装时，必须重视其能否达到修饰体形、突出优点、掩盖缺点的效果。

（3）正确的搭配

服务人员在选着便装时，如欲对其进行正确的搭配，一般应当注意这样的一些问题：如风格协调、色彩和谐、面料般配等。

6. 选择饰物

服务人员在工作中佩戴饰物的主要规范是：符合身份，以少为佳，区分品种，佩戴有方。

（1）符合身份

服务人员要注意恪守自己的本分，在佩戴饰物时不可无所顾忌。

（2）以少为佳

服务人员在自己的工作岗位上佩戴饰物时，一定要牢记以少为佳。

正在工作岗位之上服务于人的服务人员，在选择、佩戴饰物时，一般不宜超过两个品种。佩戴某一具体品种的饰物，则不应超过两件。

通常，服务人员在其工作岗位上不可以佩戴任何首饰，对于男性服务人员来讲，尤其有必要如此。

（3）佩戴有方

服务人员应当掌握一些基本的佩戴技巧。穿制服时，一般不宜佩戴任何饰物。在身着正装时通常不宜佩戴工艺饰物，特别是不宜佩戴那些被人们视为另类的工艺饰物。在工作中，不宜佩戴珠宝饰物。

第2章 文明迎客

二、语言文雅

在服务岗位上,语言文雅是良好的服务礼仪的一项基本要求,同时也是服务人员做好本职工作的基本前提之一。准确而恰当地运用礼貌语,话语中给人高雅、温和和脱俗之感,能够体现服务人员良好的服务素质。

1. 礼貌用语

礼貌用语,对于服务行业来说,是有其特殊界定的。要求服务人员在其工作岗位上使用的礼貌用语,主要是指在服务过程之中表示服务人员自谦恭敬之意的一些约定俗成的语言及其特定的表达形式。

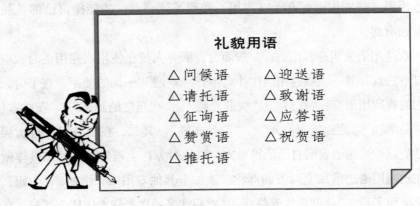

礼貌用语
△ 问候语　　△ 迎送语
△ 请托语　　△ 致谢语
△ 征询语　　△ 应答语
△ 赞赏语　　△ 祝贺语
△ 推托语

（1）问候语

问候,又叫问好或打招呼。它主要适用于人们在公共场所里初次相见之时,彼此向对方询问安好,致以敬意,或者表达关切之意。

在服务岗位上,一般要求服务人员对问候语勤用不怠。具体来讲,适宜用问候语的主要时机有五个：一是主动服务于他人时；二是他人有求于自己时；三是他人进入本人的服务区域时；四是他人与自己相距过近或是四目相对时；五是自己主动与他人进行联络时。

在问候他人时，具体内容应当既简练又规范。通常，适用于服务人员采用的问候用语，主要分为下列两种：一是标准式问候用语。其常规做法，主要是在问好之前，加上适当的人称代词，或者其他尊称。例如，"你好"、"您好"、"各位好"、"大家好"。二是时效式问候用语，即在一定的时间范围之内才有作用的问候用语。它的常见做法，是在问好、问安之前加上具体的时间，或是在二者之前再加以尊称。例如，"早上好"、"早安"、"中午好"、"下午好"、"午安"、"晚上好"、"晚安"。

（2）迎送语

迎送语主要适用于服务人员在自己的工作岗位上欢迎或送别服务对象。具体而言，它们又可划分为欢迎用语与送别用语，二者分别适用于迎客之时或送客之际。

在服务过程中，服务人员不但要自觉地使用迎送用语，而且必须对于欢迎用语、送别用语配套予以使用。做到了这一点，才能使自己的礼貌待客有始有终。

欢迎用语又叫迎客用语。一般而言，服务人员在使用欢迎用语时，应注意以下三点：其一，欢迎用语往往离不开"欢迎"一词的使用。在平时，最常用的欢迎用语有："欢迎"、"欢迎光临"、"欢迎您的到来"、"莅临本店，不胜荣幸"、"见到您很高兴"、"恭候光临"。其二，在服务对象再次到来时，应以欢迎用语表明自己记得对方，以使对方产生被重视之感。具体做法是在欢迎用语之前加上对方的尊称，或加上其他专用词。例如，"小姐，我们又见面了！"、"欢迎再次光临！"、"欢迎您又一次光临本店！"。其三，在使用欢迎用语时，通常应当一并使用问候语，并且在必要时还须同时向被问候者主动施以见面礼，如注目、点头、微笑、鞠躬、握手等。

第2章　文明迎客

礼仪专家提醒您

最为常用的送别用语,主要有"再见"、"慢走"、"走好"、"欢迎再来"、"一路平安"、"多多保重"等。

送别语又叫告别语。送别或告别语仅适用于送别他人之际。在使用送别语时,经常需要服务人员同时采用一些适当的告别礼。

（3）请托语

请托用语通常指的是在请求他人帮忙或是托付他人代劳时,照例应当使用的专项用语。在工作岗位上,任何服务人员都免不了可能会有求于人。

在一般情况下,服务人员经常使用的请托语可以分为以下三种:其一,标准式请托用语。它的内容,主要就是一个"请"。当服务人员向服务对象提出某项具体要求时,只要加上一个"请"字,例如,"请稍候"、"请让一下"等,往往便更容易为对方所接受。其二,求助式请托用语。这一形式的请托用语,最为常见的有:"劳驾"、"拜托"、"打扰"、"借光"以及"请关照"等。其三,组合式请托用语。有些时候,服务人员在请求或托付他人时,往往会将标准式请托用语与求助式请托用语混合在一起使用,这便是所谓组合式请托用语。"请您帮我一个忙"、"劳驾您替我扶一下这个东西"都是较为典型的组合式请托语。

（4）致谢语

致谢语又称道谢语、感谢语。在人际交往中,使用致谢语,意在表达自己的感激之意。

对于服务人员来讲,在下列六种情况下,理应及时使用致谢语,向他

行业服务礼仪

人表白本人的感激之意：一是获得他人帮助时；二是得到他人支持时；三是赢得他人理解时；四是感到他人善意时；五是婉言谢绝他人时；六是受到他人赞美时。

致谢语在实际运用时，内容会有变化。不过从总体上讲，它基本上可以归纳为三种形式：即标准式的致谢用语、加强式的致谢用语、具体式的致谢用语。

（5）征询语

在服务过程之中，服务人员往往需要以礼貌的语言主动向服务对象进行征询。在进行征询时，唯有使用必要的礼貌语言，才会取得良好的反馈。征询语，就是服务人员此时应当采用的标准礼貌用语。有时，它也叫做询问语。

服务人员在岗位上遇到下述五种情况时，一般应当采用征询语。一是主动提供服务时；二是了解对方需求时；三是给予对方选择时；四是启发对方思路时；五是征求对方意见时。

服务人员在具体使用征询用语时，务必要把握好时机，并且还需兼顾服务对象态度的变化。

（6）应答语

应答语是服务人员在工作岗位上用来回应服务对象的召唤，或是在答复其询问时所使用的专门用语。在服务过程中，服务人员所使用的应答语是否规范，往往直接反映着他的服务态度、服务技巧和服务质量。

应答语可以分为三种基本形式：其一，肯定式应答语。它主要用来答复服务对象的请求，如"一定照办"等。其二，谦恭式应答语。当服务对象对于被提供的服务表示满意，或是直接对服务人员进行口头表扬、感谢时，一般宜用此类应答用语进行应答。它们主要有："这是我的荣幸"、"请不必客气"、"这是我们应该做的"、"请多多指教"、"您太客气"、"过奖了"，等等。其三，谅解式应答语。常用的谅解式应答语主要有："不要紧"、"没有关系"、"不必"、"我不会介意"，等等。

第2章 文明迎客

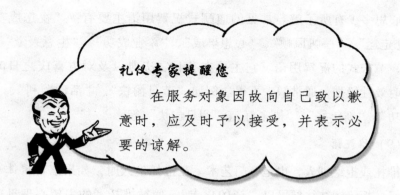

礼仪专家提醒您

在服务对象因故向自己致以歉意时,应及时予以接受,并表示必要的谅解。

(7) 赞赏语

赞赏语主要适用于称道或者肯定他人之时。

服务人员在工作岗位上对服务对象使用赞赏语时,讲究的主要是少而精和恰到好处。

在实际运用中,常用的赞赏语大致上分为下列三种具体的形式。有时,它们可以混合使用:其一,评价式赞赏语。它主要适用于服务人员对服务对象的所作所为,在适当之时予以正面评价。经常采用的评价式赞赏语主要有:"太好了"、"真不错"、"对极了"、"相当棒"等。其二,认可式赞赏语。当服务对象发表某些见解之后,往往需要由服务人员对其是非直接做出评判。在对方的见解的确正确时,一般应对其做出认可。例如,"还是您懂行"、"您的观点非常正确",等等。其三,回应式赞赏语。回应式的赞赏语,主要适用于服务对象夸奖服务人员之后,由后者回应对方之用。例如,"哪里","我做得不像您说得那么好","还是您技高一筹",等等。

(8) 祝贺语

在服务过程之中,服务人员往往有必要向服务对象适时地使用一些祝贺语。在不少场合,这么做不但是一种礼貌,而且也是一种人之常情。

祝贺语非常多,适宜服务人员在其工作之中使用的主要有以下两种具体形式:其一,应酬式的祝贺语。它们往往被用来祝贺服务对象顺心如愿,具体内容根据当时情景而定。因此在使用它们的时候,通常要求对对方的心思多少有所了解。常见的应酬式祝贺用语主要有:"祝您成功"、"祝您走运"、"一帆风顺"、"心想事成"、"事业成功"、"生意兴隆"等。其二,节庆式的祝贺用语。它主要在节日、庆典以及对方喜庆之日时使用,时效性极强,通常缺少不得。例如"节日愉快"、"活动顺利"、"仪式成功"、"新年好"、"周末好"、"假日愉快"等。

(9) 推托语

推托或拒绝别人,也是一门艺术。在推托他人时,如果语言得体、态度友好,拒绝者往往便可以"逢凶化吉",使被推托者的失望心理迅速淡化。反之,如果推托得过于冰冷、生硬,直言"不知道"、"做不到"、"不归我管"、"问别人去"、"爱找谁找谁去"等,则很有可能令服务对象不快、不满,甚而怒发冲冠、发生口角。

在工作岗位上,服务人员适宜采用的推托语,主要有三种具体的形式。有时,它们亦可交叉使用。其一,道歉式推托用语。当对方的要求难以被立即满足时,不妨直接向对方表示自己的歉疚之意,以求得对方的谅解。其二,转移式推托用语。所谓转移式的推托用语,就是不具体地纠缠于对方所提及的某一问题,而是主动提及另外一件事情,以转移对方的注意力。例如"您不再要点别的吗?""这件东西其实跟您刚才想要的差不多"、"您可以去对面的商厦看一看",等等。其三,解释式推托用语。解释式的推托用语,就是要求在推托对方时,说明具体的缘由,尽可能地让对方觉得自己的推托合情合理。例如"我们这里规定,不能乱开发票"、"我下班后需要休息,不能接受您的邀请",等等。

2. 文明用语

文明用语是指在语言的选择、使用之中,应当既表现出其使用者的良好的文化素养、待人处世的态度,又能够令人产生高雅、温和、脱俗之感。

文明当先,是服务人员在工作岗位上使用语言时应当遵守的基本礼仪规范之一。想在使用文明用语方面真正有所提高,就要认认真真地在称呼恰当、口齿清晰、用词文雅等方面,好好下一番工夫。

第2章 文明迎客

文明用语的要求

△ 称呼恰当　　△ 口齿清晰
△ 用词文雅　　△ 讲普通话

（1）称呼恰当

对服务人员而言，称呼主要是指自己在接待服务的过程之中，对于服务对象所采用的称谓语。

服务礼仪规定，在任何情况下，服务人员都必须对服务对象采用恰当的称呼。要做好这一点，应从以下四个方面来具体着手：一是区分对象，二是照顾习惯，三是分清主次，四是禁用忌语。

（2）口齿清晰

在工作岗位上，服务人员在很多情况下，是要与服务对象直接进行口头交谈的。服务人员在使用口语时，一要掌握口语的特点。就服务人员的口语运用而言，可以将其划分为正式口语与非正式口语。二者之间既有共性，同时也各自存在着一定的个性。二要合乎语言的规范。服务人员要做到口齿清晰，主要有待于在语言标准、语调柔和、语气正确等三个方面合乎服务礼仪的基本规范。

（3）用词文雅

对于服务人员来讲，文明用语中的用词文雅，主要包括两个方面的基本要求，即尽量选用文雅词语，努力回避不雅之语。前者属于对服务人员的高标准要求，后者则是任何服务人员在其工作岗位上都必须做到的。

尽量选用文雅词语，即多用文雅语，主要是要求广大服务人员在与服务对象交谈时，尤其是在与之进行正式交谈时，用词用语要力求谦恭、敬人、高雅、脱俗。

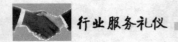

(4) 讲普通话

讲普通话，是每一名现代中国人的基本教养。

讲普通话，有助于天南地北的中国人彼此之间有效地进行交流，因而也是对广大服务人员的基本要求之一。

粗话、脏话、黑话、怪话与废话，在任何情况之下，都不可出现于服务人员之口。

努力回避不雅之语，主要是指服务人员在与人交谈时，不应当采用任何不文雅的语词。

3. 电话用语

服务人员在工作岗位上，经常会利用电话同服务对象进行交谈。运用电话提供服务时，影响通话效果的往往是通话过程中服务人员的声音、态度和所使用的言词。因此，服务人员在运用电话进行服务时，应符合服务礼仪的规范要求，做到彬彬有礼，用语得体，声音自然、亲切。

(1) 通话前的准备

在打电话之前，通话双方，其中尤其是率先拨打电话的一方，通常都要进行必要的准备。

(2) 通话初始时的要求

通话初始，是打电话的第一个阶段。在这一个阶段之中，对于通话双方的主要要求是：互相问好，自作介绍，进行确认。

(3) 声音和态度的调控

在具体进行电话通话时，通话双方虽然不一定有机会利用可视技术看到对方，但彼此之间的现场表现，却依旧是对方完全可以感觉得到的。

第2章 文明迎客

服务人员在进行电话通话时的具体表现，主要见诸双方通话之时的声音与态度。要求服务人员在通话时以礼待人，检点自己的通话表现，实际上就是要求其不论是在拨打电话还是在接听电话时，都要对自己的声音与态度进行有意识的调控。

（4）通话中途应注意的细节

通话中途，是打电话的第二个阶段，也是其核心阶段。在这一阶段中，通话双方既要讲究礼待对方，表达好自己的意愿，又不可不注意一些非常重要的细节问题：一是内容紧凑；二是主次分明；三是重复重点；四是积极呼应。

（5）通话告终时的要求

通话告终，是通话的第三个阶段，也是最后的一个阶段。在这一阶段上，服务人员应当遵守的具体的礼仪规范，主要涉及下述五个方面：一是再次重复重点；二是暗示通话结束；三是感谢对方帮助；四是代向他人问候；五是互相进行道别。

（6）代接电话

在工作之中，服务人员在接听电话时往往会遇上这种情况：拨打电话者希望找到的人暂时不在现场。在这种情况下，帮助对方，是服务人员一种义不容辞的义务。接听电话后，如果发现对方所找非己，亦应一如既往地保持友好的态度，不要语气大变，立即挂断电话，更不要对对方的其他请求一概拒绝。

（7）电话记录

服务人员在与服务对象或其他人互通电话时，尤其是在接听对方打进来的电话时，经常需要对对方的电话进行必要的记录，用以备忘。

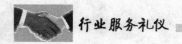

三、举止规范

规范的举止,透露出一个人良好的修养。从事服务行业的人员,更要在这方面严格要求自己。服务人员只有保持良好的行为举止,才能既尊重别人又赢得别人的尊重,才能确保服务工作达到最好的效果。

举止规范的基本要求

△ 站姿挺拔　　△ 坐姿优雅

△ 行姿稳健　　△ 蹲姿得体

△ 手势规范　　△ 表情亲和

1. 站姿挺拔

站立姿势,又称站姿或立姿,是一种静态的身体造型,是平常采用的最基本的姿势,又是其他动态的身体造型的基础和起点。优美的站姿是展现人体动态美的起点,是培养一个人全部仪态美的基础。

(1) 站姿的基本要求

基本站姿,指的是人们在自然直立时所采取的正确姿势。站姿的总的要求是"正看一个面,侧看一条线"。它的标准主要是正和直,即从人身体的正面来看,主要特点是头正、眼正、肩正、身正;从人身体的侧面来看,主要特点是颈直、背直、腰直、臂直、腿直。

第2章 文明迎客

(2) 正确站姿的要领

人在站立时头部要抬起,下颚微收,双眼平视,面带微笑,颈部挺直,双肩舒展、齐平,面部和身体朝向正前方,胸要微挺,腹部自然地收缩,腰部直立,臀部上提,挺直背脊,双臂自然下垂,双腿并拢立直。总的来讲,采取这种站姿,会表现出女性的恬静、端庄的阴柔美,男性的刚健、威严的阳刚美。

(3) 不良的站姿

所谓不良站姿,指的是服务人员在工作岗位上不应当出现的站立姿势。在服务工作中,服务人员要尽量注意以下身体部位的姿势,避免一些不良的站姿出现。

- 头。头部左、右歪斜或低头、仰头,左顾右盼,东张西望。
- 肩。肩不平,身体不正,含胸或过于挺胸。
- 手。手臂插兜或叉腰,双臂交叉抱于胸前,手腕抖动。
- 腰、背。腰部弯曲,背部弓起,腹部挺出。
- 腿。弯曲,抖动,交叉,叉开过大。
- 脚。内八字或外八字,蹬踏,抖动。

同时,还要避免趴扶倚靠、半坐半立、浑身抖动、身体歪斜等不良站姿。

2. 坐姿优雅

优雅的坐姿传递着自信、友好、热情的信息,同时也显示出高雅庄重的良好风范,要符合端庄、文雅、得体、大方的整体要求。

(1) 坐姿基本的要求

坐姿的基本要求是"坐如钟",即像钟一样端庄文雅。

上身正直,头正目平,嘴唇微闭,下颌微收,面带微笑,双肩后张,挺胸收腹;两腿并拢(男士两腿微微张开,不要超过自己的肩宽),并使两小腿垂直于地面，双手自然放于腿上或单手架于椅子扶手上。需要特别注意的是女性在入座前，一定要用双手将裙子的后片往前拢好，以免坐后不合适再重新调整。

（2）不同坐姿的要求

入座后，下肢大都落入别人的视野内。不管是从文明礼貌还是从坐得优雅舒适的角度来讲，应多加注意下肢的摆放。

不同的坐姿

△ 正襟危坐式　　△ 垂腿开膝式
△ 前伸后曲式　　△ 双脚内收式
△ 双腿叠放式　　△ 双腿斜放式
△ 双脚交叉式

① 正襟危坐式。适用于最正规的场合。要求是：上身和大腿、大腿和小腿，都应当形成直角，小腿垂直于地面。双膝、双脚包括两脚的跟部，都要完全并拢。

② 垂腿开膝式。它多为男性所用，也比较正规。要求是：上身和大腿、大腿和小腿都成直角，小腿垂直于地面。双膝允许分开，分的幅度不要超过肩宽。

③ 前伸后曲式。这是女性适用的一种坐姿。要求是：大腿并紧后，向前伸出一条腿，并将另一条腿屈后，两脚脚掌着地，双脚前后要保持在一条直线上。

④ 双脚内收式。它适合在一般场合采用，男女都适合。要求是：两条大腿首先并拢，双膝可以略微打开，两条小腿可以在稍许分开后向内侧屈回，双脚脚掌着地。

⑤ 双腿叠放式。适合穿短裙的女士采用。要求是：将双腿一上一下交

第2章 文明迎客

叠在一起，交叠后的两腿间没有任何缝隙，犹如一条直线。双脚斜放在左右一侧。斜放后的腿部与地面呈45°角，叠放在上的脚的脚尖垂向地面。

⑥ 双腿斜放式。它适合于穿裙子的女士在较低的位置就坐时所用。要求是：双腿首先并拢，然后双脚向左或向右侧斜放，力求使斜放后的腿部与地面呈45°角。

⑦ 双脚交叉式。它适用于各种场合，男女都可选用。双膝先要并拢，然后双脚在踝部交叉。需要注意的是，交叉后的双脚可以内收，也可以斜放，但不要向前方远远地直伸出去。

（3）不良的坐姿

在别人面前落座时，一定要遵守律己敬人的基本规定，不要采用犯规的坐姿。如：双腿叉开过大、架腿方式欠妥、双腿直伸出去、将腿放在桌椅上、抖腿、脚尖指向他人、脚蹬踏他物、自脱鞋袜、触摸脚部、手乱放、双手抱在腿上、上身向前趴伏等。

3. 行姿稳健

站姿、坐姿相对来说属于"静"的仪态，而走路的姿态属于富有动态美的仪态。掌握正确的走姿，克服走姿的不良习惯，练就矫健轻快、大方自然、从容不迫的优美走姿，显得尤为重要。

（1）走姿的基本要求

行走是以文雅、端庄的站姿为基础的。正确的走姿基本要领是：步履自然、稳健，抬头挺胸，双肩放松，提臀收腹，重心稍向前倾，两臂自然摆动，目光平视，面带微笑。

（2）特定的走姿

在具体的实践工作中，对服务人员的走姿，在不同情况下，有着不同的要求和规范。

在行进过程中与客人迎面相遇时，服务人员应放慢脚步，目视客人，面带微笑，轻轻点头致意，并且伴随礼貌问候语言。在走廊等较窄的地方,或是在楼道上与客人相遇,应停下脚步并面向客人,让客人先行,坚持"右侧通行"原则。

陪同引导客人时在服务工作中,陪同指的是陪伴客人一同行进。引导指的是在行进中引领客人,为客人带路。双方单向行进时,服务人员应走在客人侧前方约二三步的位置。行进速度须尽量与客人的步幅保持一致,并应及时给客人以关照和提醒。服务人员陪同引导客人上下楼梯时应先行在前。

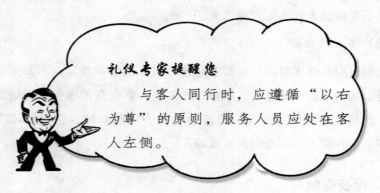

礼仪专家提醒您

与客人同行时,应遵循"以右为尊"的原则,服务人员应处在客人左侧。

在进入他人房间时,一定要先叩门,或按门铃。在得到允许后方可用手轻轻开门。出入房间,特别是在出入一个较小的房间、而房内又有自己熟悉的人时,最好是反手关门、反手开门,始终面向对方。与他人一起出入房间时,服务人员一般应"后进后出",而请对方"先进先出",并且替客人开门、关门。

(3) 不良的走姿

所谓不良走姿,指的是服务人员在工作岗位上不应当出现的行走姿势。在服务工作中,不良走姿会对服务工作和个人形象以及企业形象造成不良影响,所以服务人员要尽量克服、避免不良走姿的出现。

- 头。头部左、右歪斜或低头、仰头,左顾右盼,东张西望。
- 肩。侧肩,耸肩,左右摇摆,身体不正,含胸或过于挺胸。
- 手。手臂插兜或叉腰,双臂交叉抱于胸前或背手,手腕抖动,手部抓弄衣物，手臂僵硬或摆动过大。
- 腰、背。上身过于前倾，背部弓起，腹部挺出。
- 腿。腿部弯曲、步幅过大或过小，步履蹒跚，鸭子步。
- 脚。蹬踏和拖蹭地面，内外八字步，跐脚，脚尖翘起。

4. 蹲姿得体

一般而言，服务人员在服务之中确有必要采用蹲的姿势时，主要有下列四种标准的方式可以借鉴。

（1）不同蹲姿的基本要求

不同的蹲姿
△ 高低式蹲姿
△ 交叉式蹲姿
△ 半蹲式蹲姿
△ 半跪式蹲姿

① 高低式蹲姿。这种蹲姿是服务人员平日所用最多的一种蹲的姿势。它的基本特征是双膝一高一低。其主要要求则是：下蹲之时，双脚不并排在一起，而是左脚在前，右脚稍后。左脚应完全着地，小腿基本上垂直于地面；右脚则应脚掌着地，脚跟提起。此刻右膝须低于左膝，右膝内侧可靠于左小腿的内侧，形成左膝高右膝低之态。女性应靠紧两腿，男性则可适度地将其分开。臀部向下，基本上以右腿支撑身体。男性服务人员在工作时选用这一方式，往往更为方便。

② 交叉式蹲姿。这种蹲姿通常适用于女性服务人员，尤其是身穿短裙的服务人员采用。它的主要优点，是造型优美典雅。其基本特征，是蹲下之后双腿交叉在一起。其主要要求为：下蹲时，右脚在前，左脚在后，右

小腿垂直于地面,全脚着地。右腿在上、左腿在下,二者交叉重叠。左膝由后下方伸向右侧,左脚脚跟抬起,并且脚掌着地。两腿前后靠近,合力支撑身体。上身略向前倾,而臀部朝下。

③ 半蹲式蹲姿。这种蹲姿多见于行进之中临时采用。它的正式程度不及前两种蹲姿,但在需要应急时亦可采用。它的基本特征,是身体半立半蹲。其主要要求是:在下蹲时,上身稍许弯下,但不宜与下肢构成直角或锐角;臀部务必向下,而不是撅起;双膝略为弯曲,其角度可根据需要有大有小,但一般均应为钝角;身体的重心应放在一条腿上;两腿之间不宜分开过大。

④ 半跪式蹲姿。这种蹲姿又叫做单跪式蹲姿,它也是一种非正式蹲姿,多用于下蹲时间较长,或为了用力方便之时。它的基本特征是双腿一蹲一跪。其主要要求为:下蹲之后,改为一腿单膝点地,臀部坐其脚跟之上,而以其脚尖着地。另外一条腿,则应当全脚着地,小腿垂直于地面。双膝应同时向外,双腿应尽力靠拢。

(2) 不良的蹲姿

按照服务礼仪规范要求,即使是有必要在自己的工作之中采用蹲的姿势,应该切记并加以避免以下七种不良蹲姿:突然下蹲;距人过近;方位失当;毫无遮掩;随意滥用;蹲在椅子上;蹲着休息。

5. 手势规范

(1) 手势的要求

规范的手势应当是手掌自然伸直,掌心向内向上,手指并拢,拇指自然稍稍分开,手腕伸直,使手与小臂成一直线,肘关节自然弯曲,大小臂的弯曲以140°为宜。

在出手势时,要讲究柔美、流畅,做到欲上先下、欲左先右。避免僵硬死板、缺乏韵味。同时配合眼神、表情和其他姿态,使手势更显协调大方。

第2章 文明迎客

(2) 与人握手

在见面之初、告别之际、慰问他人、表示感激、略表歉意等时刻，人们往往与他人握手。握手是人际交往的基本礼节之一。

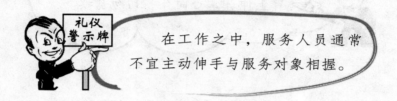

在工作之中，服务人员通常不宜主动伸手与服务对象相握。

与人握手时，服务人员应注意以下四个方面的礼仪要求：

① 注意先后顺序。握手时，双方伸出手来的标准的先后顺序应为"尊者在先"。即地位高者先伸手，地位低者后伸手。

② 注意用力大小。握手时，力量应当适中。用力过重与过轻，同样都是失礼的。

③ 注意时间长度。与人握手时，一般握上3~5秒钟即可。没有特殊的情况，不宜长时间握手。

④ 注意相握方式。通常，应以右手与人相握。左手一般不宜使用，双手相握亦不必常用。握手时，应首先走近对方，右手向侧下方伸出，双方互相握住对方的手掌大部。被握住的部分，应大体上包括自手指至虎口处。双方手部相握后，应目视对方双眼，将手上下晃动两三下。不要仅握对方的指尖，或在握手时左右乱摇。

(3) 举手致意与挥手告别

举手致意，多用于服务人员向服务对象表示问候、致敬、感谢之意。既可悄然无声地进行，也可以伴之以相关的言词。当服务人员忙于工作，而又看见相熟的服务对象，且无暇分身时，向其举手致意，可立即消除对方的被冷落感。

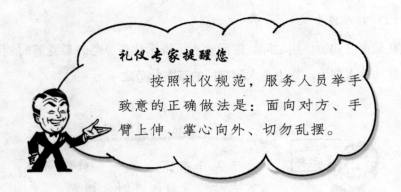

礼仪专家提醒您

按照礼仪规范，服务人员举手致意的正确做法是：面向对方、手臂上伸、掌心向外、切勿乱摆。

挥手道别，是服务人员与服务对象互道再会时所用的常规手势。采用这一手势的正确做法是：身体站直、目视对方、手臂上伸、掌心朝外、左右挥动。

（4）常见的错误

在正确地掌握了常用的手势之后，服务人员如欲使自己的手势做得更好，还应防止和纠正在服务过程之中以下几种错误的手势：

一是指指点点；二是随意摆手；三是双臂抱起；四是双手抱头；五是摆弄手指；六是手插口袋；七是搔首弄姿；八是抚摸身体。

6. 表情亲和

表情是指一个人内心的思想感情体现在颈部以上（包括眼、眉、鼻、嘴等）各个部位的综合而微妙的反映。人的面部表情可以给人们以最直接的感觉和情绪体验。

在人际交往中，如果表情和语言所表述的内容高度和谐统一，就会使人们相信这种表述是真实可信的；否则人们就会更加相信表情所带来的信息。因此说，表情在人际交往的过程中起到十分重要的作用。

在构成表情的诸要素之中，眼神和微笑占有至关重要的地位，在生活和工作中使用频率最高的也是人的眼神和笑容。

第2章 文明迎客

表情亲和的要求

△ 恰当的眼神

△ 亲和的微笑

(1) 恰当的眼神

"眼睛是心灵的窗户",是人类最明确的情感表现和交际信号。在人际交往当中,能够反映出人们内心世界很微妙的变化,恰当有效地使用眼神会取得意想不到的效果。

(2) 亲和的微笑

希尔顿饭店集团的董事长康纳·希尔顿曾经指出:"酒店的第一流设备重要,而第一流的微笑则更为重要。如果没有服务人员的微笑,就好比花园失去了春日的阳光和春风。"从中可看出服务行业微笑的重要性,微笑也是服务人员的基本技能之一。

How to talk ?
How to do ?

第 3 章

交 际 有 礼

交际有礼的两大表现形式是彬彬有礼的礼貌语言和礼尚往来的礼节举止。无论是迎来送往的寒暄问候，还是会见待客中的沟通交流，其礼仪的水准和服务的质量，往往体现在具体的细节之中。交际有礼首先要重视言谈话语、举手投足的礼仪细节。

How to offer service ?

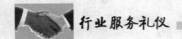 行业服务礼仪

一、初次接待

得体周到的初次接待礼仪,在服务过程中十分重要,它涉及许多具体环节,主要包括称呼、问候、介绍、握手等。讲究对客人的初次接待礼仪,能够给客人留下良好的印象,从而为后续的服务工作打下良好的基础。

初次接待的礼仪

△称呼礼仪　　△问候礼仪

△介绍礼仪　　△握手礼仪

△名片礼仪

1. 称呼礼仪

在人际交往中,一般使用的称呼有以下几种。第一种就是使用行政职务。一般在官方交往中经常会采用这种做法,比如局长、总经理,有的时候在行政职务前面还会加上他的姓,比如"王局长"、"李总经理",诸如此类。第二种情况,如果我们不了解对方的行政职务、不了解对方的具体身份的话,往往使用的称呼就是所谓泛尊称。泛尊称实际上就是可以广泛使用的一种尊称,比如对成年的男子称先生,对已婚的妇女称夫人,对未婚的女性称小姐,不了解对方婚否的话可以把女性称为女士,这都是泛尊称。

第3章 交际有礼

2. 问候礼仪

问候，在此是指人们见面时通过语言在彼此之间所进行的致意方式；我国公民应在问候来宾时注意以下三个方面的问题。

（1）问候的次序

问候来宾，一般可以简单划分为两种具体情形：一种是一对一的问候，另一种则是一人问候多人。

① 一对一的问候。当一人向另一人问候时，应由身份较低者首先进行问候。在接待外宾时，应首先向外宾表示问候及欢迎。

② 一人问候多人。此时，可以向所有人同时表示问候，也可以逐一致意。通常应遵循由近及远的顺序，或者按照职务由高至低进行。

（2）问候的内容

根据不同的文化背景和环境，问候的内容往往丰富多彩。大致上可以分为下列两种：一种是直接式问候，即以"问好"作为问候主要内容的问候方式。另一种是间接式问候，即以约定俗成的问候语或能够引起对话的某些话题来代替直接的问候。

一般而言，对于陌生的或初次见面的宾客，往往可使用第一种问候方式；对于熟人或相同文化背景的人来说，则可以使用第二种形式。

（3）问候的态度

问候的目的是表示尊重和友好。只有端正的态度和得当的表达方式，才能真正体现出敬意。问候时主要需注意以下几点：

问候的态度要求

△ 主动、热情

△ 专注、适度

① 主动、热情。问候他人，特别是作为东道主问候来宾时，应表现得积极主动。若是来宾首先问候自己，则更要立即予以礼貌回应，切不可默不作声或躲避不理。问候他人时，应表现出友善而热情的态度，要通过得当的动作和生动的表情来表达内心的真挚，切不可言行冷漠而使来宾产生误会。

② 专注、适度。问候他人时，应通过目光、语言、动作表达真挚的态度。目光应与对方双目诚挚接触，面容应保持微笑，语言应优雅清晰，握手或拥抱应适度而友好。

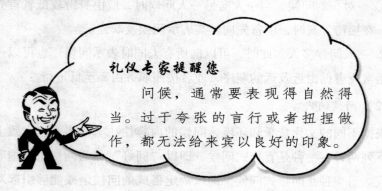

礼仪专家提醒您

问候，通常要表现得自然得当。过于夸张的言行或者扭捏做作，都无法给来宾以良好的印象。

3. 介绍礼仪

服务人员和服务对象即客人初次见面的时候往往需要做介绍，这个介绍大概有以下两种情况：

（1）自我介绍

自我介绍时，一般来讲有以下几个点要注意：一是地位低的人先做介绍，主人一般先做介绍，作为窗口服务人员、翻译、导游、陪同也要先做介绍。二是倘若有可能的话最好是先递名片后做介绍，这样就可以少说很多话，因为你的头衔、职务、姓名在名片上一目了然，对方一看就很清楚了，而且一边看一边听，他就能加深印象。三是自我介绍时间要简短，长话短说、废话不说、没话别说。一般一分钟，甚至半分钟就打住，没有必要滔滔不绝、长篇大论：名字怎么写，有什么典故，有什么出处，祖上和

第3章 交际有礼

你们有什么交往，等等。对方对此可能既不清楚也没有兴趣。

（2）替别人做介绍

有的时候服务人员会陪同一些客人来到内部企业去参观去购物，或者到家里去跟家人聚会，这个时候服务人员就有做介绍人的义务了。正常情况下是由工作人员、服务人员、接待人员、公关人员、礼宾人员、专业人士做介绍。倘若来的是贵宾的话，一般是主方职务最高者做介绍人。还有一种情况，就是应邀被介绍，比如有一个客人他跟你不认识，他找一个人说你替我们双方做介绍吧，这个应邀的人有做介绍的义务。

替别人作介绍的时候，有两点需要注意：

① 介绍内容要完整。一般替双方做介绍时，要把对方的职务、姓名、头衔三要素说清楚，不要上来只讲个名字，不知道是什么单位的，或者只说什么单位，不知道什么职务。所以替双方做介绍就要把双方的单位、职务和姓名都说清楚，介绍要规范。

② 注意介绍的先后顺序。替双方做介绍，还有一个先介绍谁后介绍谁的问题。按照交际礼仪的标准做法，一般的情况下是先介绍地位低者，后介绍地位高者，让地位高的一方有优先知情权。

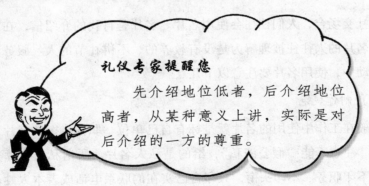

礼仪专家提醒您

先介绍地位低者，后介绍地位高者，从某种意义上讲，实际是对后介绍的一方的尊重。

4. 握手礼仪

（1）遵循惯例

握手礼仪的惯例，一般是地位高的人首先伸手。男人和女人握手，一般则是女人先伸手,因为女性有优先选择权。长辈和晚辈握手一般是长辈先伸手。不过从接待这个角度来讲有点特殊,一般的习惯是客人到来的时候,主人要先伸手表示欢迎他;而客人走的时候,一般是客人先伸手,意思是请主人就此留步、不必远送。握手的时候,顺序问题非常敏感,需要引起足够的注意。

(2) 专心致志

首先,要目中有人,跟别人握手的一刹那看着对方的双眼,不能够左顾右盼。其次,握手的时候要说话,不能够一言不发,应口中略加寒暄:"见到你很高兴"、"别来无恙"、"很高兴认识你"、"幸会幸会"等。再次,握手时要全方位接触,就是要握着对方的手掌,而且要稍微用力,停留的时间应该是一到三秒钟,握力在两公斤左右最佳。有个别人可能不太注意,例如女孩子爱犯的一个错误是伸三个手指头、不用力不晃动;还有的人手一碰到对方的手就迅速撤开;也有一些男士用力去握别人手,用力太大、狠狠使劲像掰腕子似的,这些都不合适。

5. 名片礼仪

在社交场合,人们往往会使用名片。名片是自我的介绍信,在社交场合没有名片的人往往被理解为是没有教养的、不讲礼节的人。服务人员在服务活动中,使用名片要注意以下几点。

(1) 制作规范

一般在工作中使用的名片就是标有自己单位、职务头衔的名片,是公务名片。注意不能"假公济私",给的是私人名片。所谓私人名片是不印单位、不印职务、不印头衔,只印自己实在的联系电话或者本人姓名的一种名片,工作场合不用这种名片。

第3章 交际有礼

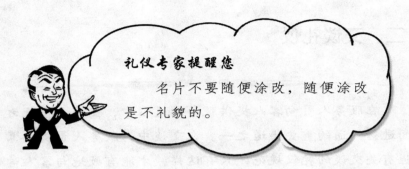

礼仪专家提醒您

名片不要随便涂改,随便涂改是不礼貌的。

(2) 随身携带

当你从事重要的交际、服务活动时候,应当随身携带名片。

(3) 不要主动索要名片

服务人员一般不能主动索要客人的名片。如果希望得到客人名片的时候,最好的办法就是把自己名片递给对方,所谓来而不往非礼也,将欲取之,必先予之,你把名片主动递给对方,实际上对方常常会回敬过来。

(4) 接受名片的注意事项

具体而言,接受名片时,有以下几点需要注意:一是毕恭毕敬。如果能够站起来的话或者方便站起来的话一定要主动站起来,不能别人递名片时还在那坐着,这样不够主动和热情。二是接名片一般用双手或者用右手。三是有来有往,回敬对方。如果客人主动地把名片递给了自己,要主动回他。四是接过名片一定要看。但凡有可能,对方给你的名片都要认真看一看,必要的时候嘴里做默读状,如果对方的头衔比较重要的话,不妨把对方头衔可以读出来,不能对人家的名片不屑一顾。五是认真收藏。不能拿过名片顺手放到裤兜里去。接过别人的名片不仅要看,而且还要认真收藏,放在上衣口袋里面,放在自己名片夹里,或放在公文包里。

接受名片后绝不能随手抛弃,更不能将其随手递给别人。

二、交谈礼仪

在服务人员向客人提供服务的过程中,交谈是彼此之间进行沟通的重要渠道之一。在交谈中,服务人员需要掌握有关交谈的礼仪规范,只有这样,才能有效地与客人沟通,才能提高服务质量。

1. 交谈态度

对每一位服务人员来讲,要想使自己交谈的态度符合要求,就必须注意以下五个基本要点。

交谈态度的要求

△ 注意语言　　△ 注意语态
△ 注意语音　　△ 注意语气
△ 注意语速

(1) 注意语言

在一般情况下,在服务活动中与客人交谈要使用普通话,在涉外活动中可以使用通行于世界的英语,或是直接采用交往对象所在国的语言。

(2) 注意语态

与客人交谈时,在神态上要既亲切友善,又舒展自如。自己讲话时,要注意不卑不亢,恭敬有礼;对方讲话时,则要专心致志,洗耳恭听。

（3）注意语音

与客人交谈时，尤其是在大庭广众之前与别人交谈时，必须有意识地压低自己说话时的音量。

（4）注意语气

同客人交谈时，在语气上一定要注意平等待人，谦恭礼貌。交谈中，在不故作姿态的前提下，应当尽量多使用一些谦词、敬语和礼貌用语。

（5）注意语速

在与客人交谈中，要保持正常的语速。既快慢适中，舒张有度，又在一定的时间内保持匀速。也就是说，语速应当相对保持稳定。

2. 语言要求

在语言方面，谈话的总要求是：文明、礼貌、准确。语言是谈话的载体，言谈者对它应当高度重视，精心斟酌，这是不言而喻的。

谈话的语言要求：

语言要求

△语言要文明

△语言要礼貌

△语言要准确

（1）语言要文明

作为有文化、有知识、有教养的现代人，在交谈中，一定要使用文明优雅的语言。绝对不宜在交谈之中采用粗话、脏话、黑话、荤话、怪话和气话。

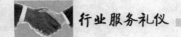

(2) 语言要礼貌

在谈话中多使用礼貌用语，是博得他人好感与体谅的最为简单易行的做法。所谓礼貌用语，简称礼貌语，是指约定俗成的表示谦虚恭敬的专门用语。

在社交中，尤其有必要对下述五句十字礼貌语经常加以运用，并且多多益善。这五句十字就是：您好、请、谢谢、对不起、再见。

(3) 语言要准确

在交谈中，语言必须准确，否则不利于彼此各方之间的沟通。要注意的问题主要有：一是发音要准确；二是语速要适度；三是口气要谦和；四是内容要简明；五是土语要少用；六是外语要慎用。

第3章 交际有礼

三、互访礼仪

> 互访又称拜会，是指前往他人的工作地点或私人居所进行会面。互访是双向的，它涉及做客的宾客一方与待客的主人一方，双方都应遵循一定的礼仪规范。在外事活动期间，东道主与来宾之间的互访往往在所难免，双方皆须遵守相关的社交礼仪，并彼此以礼相待。

1. 预约礼仪

拜会礼仪中最重要的一条就是有约在先。这是说在拜访他人时，一定要提前预约。这样做既能体现出自己的个人修养，又充分表示自己对主人的尊重。

具体而言，预约应注意以下三个方面的问题：

（1）先期约定时间

预约的前提是两厢情愿，在此前提下，商定到访的具体时间。作为客人，对主人提出的具体时间，应予以优先考虑；而客人提出方案时，最好多提供几种方案供主人选择。

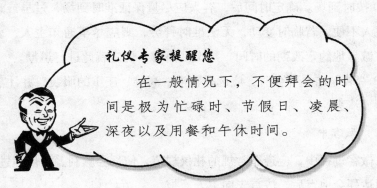

礼仪专家提醒您

在一般情况下，不便拜会的时间是极为忙碌时、节假日、凌晨、深夜以及用餐和午休时间。

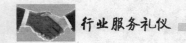
行业服务礼仪

(2) 了解约定人数

如果是多人会见，预约时，宾主双方应事先通报各自到场的具体人数及其身份，竭力避免自己一方中出现令对方反感的不受欢迎的人物。双方人员一经约定，就不能随意变动。尤其做客的一方，一定不能增加拜访的人数。否则，会令主人应接不暇，手忙脚乱，打乱主人的安排和计划。

(3) 务必守时守约

约定拜会时间后，就不能再更改。有特殊原因，需要推迟或者取消拜会，要尽快打电话通知对方，说明一下具体原因，并表示诚挚的歉意。

登门进行拜访时，最好准时到达，既不要早到，让对方措手不及；也不要迟到，令对方焦急等待。

2. 做客礼仪

做客是非常普遍的社交活动，届时应遵循"客随主便，礼待主人"的原则。按照做客的过程划分，可将其分为做客前、做客中、做客后三部分。

(1) 做客前

在拜访他人前，应做好各项准备。

① 事先约定。拜会前，务必提前与对方沟通，得到对方肯定后再进行拜访。

② 按时到场。确定时间后，客人应尽量保证准时到场，过早或过晚都会使主人不便。若临时变动，无法准时拜会，则应尽早通知主人，表示歉意，并诚恳地约定改期的时间。再次见面时，仍应就此进行道歉。

③ 着装整洁。拜会时，应选择整洁、高雅、庄重的服装，并注意仪表的干净、清爽。

(2) 做客中

在做客过程中，应遵循常规的礼仪规范，使拜会顺利、愉快地进行。

到达拜会地点后，应首先向主人通报。

第3章 交际有礼

与主人在门口相见时,客人要主动、热情地问好。若有其他人员在场,则应一并打招呼,以示尊重。若进入私人场所,还需在进门前注意主人家里的细节。若需要更换拖鞋、脱去大衣等,应主动配合。若携带礼物,应在宾主相见的第一时间赠与,不宜拖到告辞时。进入主人家里或公务场合后,应脱下墨镜或帽子,表示对主人的尊重,并将手中的物品放在身边不显眼的地方。一般而言,不应将自己的物品放在主人的桌子或椅子上。

待主人将其引导至座位时,应与主人同时坐下,不宜抢先落座或者自行更换座位。

在谈话中,应选择好话题:要有一定礼貌的、适度的寒暄,不应马上直入主题;要围绕拜会的主要目的进行谈话,避免涉及敏感话题,例如主人的私人生活或涉及公务秘密的话题。

(3)做客后

拜会结束后也有一定的礼仪规范,只有遵循这些礼仪,才能使拜会圆满完成。

拜会结束的时间应准确把握。客人应按照事先约定的长度以及会面的发展情况,适时提出告辞。

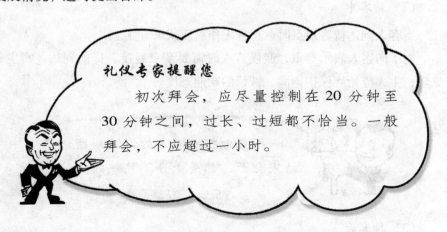

礼仪专家提醒您

初次拜会,应尽量控制在20分钟至30分钟之间,过长、过短都不恰当。一般拜会,不应超过一小时。

离开前,应与主人握手致意,表达感谢之情。

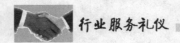

拜会结束后的第二天，可以致电主人，表示对其招待的感谢。若收到主人的礼物，也可借此机会表达对礼物的喜爱和赞美。

3. 待客礼仪

招待客人，应遵循"主随客便、以礼待客"的基本原则。按照待客的过程，可将其分为待客前、待客中、待客后等三部分。

（1）待客前

作为主人，在客人来访前，应做好周到细致的准备工作。

① 待客的地点。招待客人，应选择干净、整洁、安静的地点。若为公务场所，应尽量选择独立的待客厅或会议室，避开繁杂的人流和频繁的电话声。若在家庭中，应选择环境较好的客厅或书房。在客人到达之前，应对待客地点进行彻底的清洁，特别是卫生间等处应特别加以重视。要为客人营造整洁、舒适的环境。

② 待客的用品。根据具体情况，客人到来之前应准备相应的物品。

③ 食宿及交通。在客人到来前，应按照其要求确定是否为其提供食宿，并帮助外地的来宾预订往返的交通工具及酒店。对于有特殊要求的客人，则应耐心细致地予以满足。

（2）待客中

当客人到达待客地点时，待客工作就正式展开了。

为了向客人表示尊重，迎候客人时需要亲自迎接、提前到达。宾主相见后，主人应始终保持饱满、诚挚的欢迎态度。

粗暴地打断客人的谈话或断然结束会面，都是十分不礼貌的。

（3）待客后

待客后的阶段，包括与客人道别、赠与、送行等。

第3章 交际有礼

① 道别。告辞的要求应由客人首先提出，在一般情况下，主人应表示礼貌的挽留。若有特殊情况需要提前结束会面，或者已超过约定好的时间而客人没有意识到时，主人可以用委婉的理由和协商的语气提出结束会面的建议，并表示歉意。

② 赠与。告别时，可以将事先准备好的礼物送予客人。具体的礼仪规范应遵照馈赠礼仪进行。

③ 送行。送行时，应尽量由主人亲自送客人至机场、车站、港口等处。若为同一城市的客人，主人应将其送至大门外、楼下等，至少也应送其到电梯口或房间门口。

④ 礼节。告别时应行握手礼，或按照客人要求与习惯行其他告别礼。主人应直立身体，面带微笑，目送客人远离，并行挥手礼。

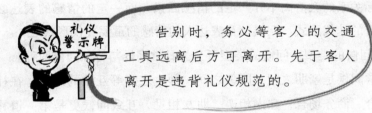

告别时，务必等客人的交通工具远离后方可离开。先于客人离开是违背礼仪规范的。

（4）待客过程中的特殊情况

① 接待残障人。在服务活动中，经常会遇到身体有残疾的客人。是否能够给残障人以应有的重视和得当的服务方式，直接反映出服务的水准。对于残障人的接待工作，首先应树立正确的认识：既要认识到残障人是特殊群体，生理缺陷使其遇到更多的生活困难和限制，需要特别的措施来关照，又要认识到尊重残障人要首先尊重其人格，在人生价值和社会能力方面残障人与健全人是平等的。在帮助这一群体的同时，应特别维护他们的尊严。

② 接待有特殊民族习惯或生活习惯的客人。对于来自不同地区，拥有不同宗教信仰、民族习惯，或拥有特殊生活习惯的客人，要提前做好各方面的准备，从衣食住行等各方面进行调整，使宾客到达目的地后能够得到

较周到的服务,产生宾至如归的感觉。例如,应为信仰伊斯兰教的来宾准备清真饮食、为信仰佛教的来宾准备素食、为有恐高症的来宾安排低层的房间等。

4. 问候与探望

问候与探望的礼仪大有讲究,稍有不慎很可能弄巧成拙,给被探望者带来不必要的麻烦和负担,如果公关人员娴于礼仪,能够巧妙地通过问候、探望这些礼仪形式传情达意,那么,就会使被探望者和被问候者感到温暖和关怀,从而达到密切与被探望者的感情,调节与被探望者的人际关系的重要作用。

(1) 问候他人

人际关系的融洽离不开一定的情感因素,而一定的情感的表达必然要通过一定的礼仪形式。问候就是表达人的情感的重要礼仪形式之一。

① 问候的类型。问候的类型可分为日常问候与特殊问候两种。

日常问候是亲朋之间、同事之间、师生之间等互致的问候。在社交和工作场合、商务场合,熟人相遇、朋友相见,互致问候更是第一道礼仪程序,即使是一面之交,相遇也应打招呼。这些看似不起眼的礼仪形式,正像一条纽带,把人们更加紧密地联系在一起。特殊问候一般有节日问候、喜庆时的问候或庆典时的道贺等。

② 问候的方式。问候的方式多种多样,可以口头问候,也可以书信问候,可以寄贺卡或明信片问候,也可以电话、电报问候。如果有条件的话,适当送些礼物表示问候则是人们联络感情、加强联系的较好方式之一。

③ 问候的惯例。问候应注意约定俗成的惯例。一是尊重老人和妇女,即在顺序上男士应先问候女士,晚辈应先问候长辈,年轻人应先问候老师,下级应先问候上级,年轻的姑娘、女士应问候比自己年龄大得多的男性。二是主动问候,这是尊重他人的表示,即使你比对方年长,主动问候也不失自己的身份,只会多增加一份友情、亲情。

第3章 交际有礼

（2）探望病人

在日常生活中，人们除了运用语言问候和祝贺外，还常常身体力行地参加一些活动以表达自己的情感，探望病人就是其中一种。一般而言，探望有专程探望、顺便探望和委托他人探望，这是一项较为特殊的公关活动。合乎礼仪规范的探望，无论精神上还是感情上对病人都是一种莫大的安慰，有助于病人病情稳定和早日康复。

这里主要介绍一下去医院探望病人的礼仪。

探望病人的礼仪

△ 遵守院规　　△ 注意防病

△ 言行得体　　△ 慎选礼物

△ 注意方式

① 遵守院规。要在医院允许的探视时间范围内去探望病人，否则，既破坏了医院的正常工作秩序，又影响了病人的治疗和休息。

② 注意防病。探望病人之前，应当对病人所患的疾病和病情有所了解。如探望患传染病的病人，像传染性肝炎、伤寒、痢疾或流行性脑膜炎、流感、肺结核等呼吸道传染病的病人时，要尽量避免接触病人的用具、衣物，更不要带小孩去医院。

③ 言行得体。由于特殊的心理状态，人在患病期间都相当敏感。探望病人如果言语不慎或举止不当，往往会给病人带来思想负担，甚至更大的苦闷，这就违背了探望病人的初衷。

④ 慎选礼物。人在生病的时候，总是特别脆弱的。探病时，最好准备一点礼物，表达真诚的慰问之情。

有些人喜欢在病人住院时送滋补品或保健品，这不是很恰当，因为病人正在治疗期，每日要按时服药或打针，并不适合服用补品。这时送给病人的礼物以鲜花为宜，一束五彩缤纷的鲜花，能给白色的病房带来不少春意和生机。但是，送鲜花是有讲究的，有些花并不适于送给病人。也可送音乐带或可以用来打发时间的玩具及有香味的东西，如房间芳香剂。

对出院后的病人，则可送保健品、按摩器、家庭用小型氧吧等。

如果要送食品，一定要弄清病人得的什么病，才能做到送礼送得适宜。

⑤ 注意方式。假如因故不能亲自去探望，可以写慰问信或卡片请他人转达，真诚的关心或一张慰问卡也能令人感到开心愉快。病人若是在家休养，不宜以打电话的方式问候，因为病人有可能不方便接电话。

四、馈赠礼仪

> 礼品是情感的象征或媒介，馈赠礼品是人际交往中的经常性的活动。礼品既可以是一件实用的物件，也可以是一束鲜花、一件纪念品。要根据对象的不同，精心选择礼品，同时选择好送达的时间与场合，而这些都是服务人员需要认真考虑的。

在人际往来中，礼品是表情达意的一种重要形式。在服务活动中，常常需要向他人赠送必要的礼品。送礼要讲究恰到好处，恰如其分。如果不因人、因事、因时、因地而赠与适当的礼物，不讲究送礼过程的礼仪规范，效果可能就会很差。

1. 选择与包装

礼品有贵贱厚薄之分，有善恶雅俗之别。如何根据赠礼性质、送礼对象等挑选礼品，是一门学问。

（1）兼顾品质与数量

挑选礼品时不仅要考虑质，还要考虑量。大多数中国人认为偶数表示圆满、吉祥，因而选礼时讲究成双成对，尽量避免奇数；也有个别地方在某些特定关系上要送"三色礼"、"七样全"的。日本人忌讳"4"或"9"，因为这两个数的日语发音与"死"、"苦"相似。

给日本人送礼应尽量避开4和9这两个数。给欧美人送礼应避开"13"与"666",等等。

(2) 切勿冒犯对方的禁忌

选择礼品时还要考虑不要犯了对方的禁忌。给新婚夫妇送礼不要选梨,因有"分离"之嫌。同时,送礼也应避免对方或旁人误会。如不可对作为一般同事、朋友关系的异性送内衣内裤、文胸腰带、戒指项链等物品。因为这类东西一般只是恋人、夫妻、情人之间相赠的礼物。

(3) 检查礼品上是否有价格标签

礼品选好后,应检查一下,上面是否有价格标签。如有,应当取下或换一件没有标签的。因为价格标签在许多场合都会给送礼带来不好的情感和礼仪效应。例如,当你的礼品价格高于其他送礼人的价格时,也许主人会较高兴,但其他客人则往往比较反感;当你以为选了一件质好价高的礼品,满怀欣喜送给主人时,发现其他人送的礼品的价格却远远高于你的,你就多少会有些寒酸、羞涩、无地自容的感觉。假如没有价格标签,就可以在很大程度上避免这些失礼现象和场面。

(4) 对礼品进行包装

送礼前的最后一道必要的工序是对礼品进行包装。包装礼品的好处是很多的,一是可以表达送礼者的精心与诚意;二是可以使一件外表朴素的礼品更显美观,更具有艺术性;三是避免给人以俗气的感觉;四是通过包装,可以使礼品保持一点神秘感,更有利于交往。

2. 赠送的方式

一般赠送礼品的方式有三种:即当面赠送、邮寄赠送和托人赠送。

第3章 交际有礼

赠送方式

△ 当面赠送

△ 邮寄赠送

△ 托人赠送

(1) 当面赠送

当面赠送即由送礼者直接、当面将礼品送给受礼者。这种送礼方式是最常用的一种送礼方式。一般送礼者可在送礼时随机应变，畅叙情意，还可介绍礼品的寓意，演示礼品的用法等。

(2) 邮寄赠送

邮寄即通过邮局将礼品邮寄给受礼者。一般要在礼品里附上一份礼笺，礼笺上既要署名又要用规范的语句说明赠礼的缘由。

(3) 托人赠送

托人赠送即借助一个中间人把礼物送给受礼者。一般为避免尴尬、拘谨或不能当面赠送的礼品，一定要选择一个适宜的人代其送礼，而且要附上一份礼笺，还要以恰当的理由来向受礼者解释送礼人何以不能当面赠送礼品。

送礼时，送礼人通常站立，双手把礼品递送过去，面带微笑，目视对方，伴有简单的送礼致词。递送之后，有时还要与受礼者热情握手。一般不要用一只手递送，更不要悄悄乱塞和偷偷传递，语言要得体；有的送礼者急于表达自己的诚意真情，在受礼者面前过多地说明礼品如何贵重，有多少用途等，也让人觉得有些俗气。有些西方人习惯于在受礼者面前打开礼品，并对其欣赏一番，中国人一般没有这种习惯。

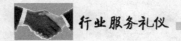

3. 还礼的礼仪

在服务活动中，服务单位有时会收到被服务人员送来的礼物，此时，就需要还礼。古人言："来而不往非礼也。"礼尚往来，是人之常情。

"还礼"时需要注意以下事项：

（1）选好还礼的时间

就还礼而言，在具体的时间上必须慎重思量。若是还礼过早，好似"等价交换"，又好比"划清界限"，会使自己显得浅薄庸俗。但要是拖延过久，遥遥无期，则又跟无此打算没有什么不同。

选择还礼的时间，要讲"后会有期"。其最佳的选择有三：一是适逢与对方馈赠自己的相同的机会还礼。二是在对方及其家人的某一喜庆活动中还礼。三是在此后登门拜访之时还礼。

还礼并非"还债"，还礼次数不必过多，完全没有必要再三再四地还礼，以致使其成为一种负担。

（2）注意还礼的形式

还礼还需要讲究具体形式，还礼的形式要是不对路数，"还"还不如不"还"。

在考虑还礼时，下述几种具体形式都是合乎礼仪的，可以优先选择其一。一是可以与对方相赠之物同类的物品作为还礼；二是可以与对方相赠之物价格大体类似的物品作为还礼；三是可以某种意在向对方表示尊重的方式来代替还礼。

4. 向外宾赠礼

作为服务人员，赠礼的对象不仅有中国人，还有世界各地的朋友和客户，这就要求对各个国家的赠礼习俗谙熟于心，才不致因盲目赠送而出现失礼的情况。

主要国家赠礼习俗有以下几个方面：

第3章 交际有礼

（1）美国人的赠礼习俗

美国人一般是重情轻礼的，所以，如果美国人请吃饭，完全可以不送花，不送礼。如果是去美国人家里度周末或小住一些日子，那应该给女主人带去礼物。除此之外，一本书、一盒糖、一瓶酒、针织品、工艺品等都是受欢迎的。当然，在节日里，最好能给人家送点礼物，包装好一点，他们多会当面打开，热烈地感谢你的情谊。

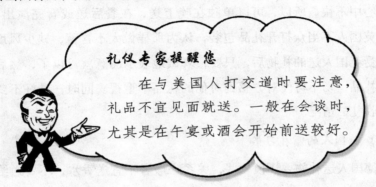

礼仪专家提醒您

在与美国人打交道时要注意，礼品不宜见面就送。一般在会谈时，尤其是在午宴或酒会开始前送较好。

（2）法国人的赠礼习俗

法国人不喜欢初次见面就送礼，所以与法国人初次见面无须准备见面礼，等第二次见面再送也不迟。最恰当的礼物应该能表达对接受礼物人的智慧的赞美，在法国人眼里，唱片、磁带、艺术画册等能体现文化素养的物品是最受欣赏的。同样，法国人还非常喜欢名人传记、回忆录、历史书籍。法国有"花都"的美名，法国人送礼也常送花。所以，无论是生日、宴会、婚礼，还是去探视病人、做客等，都可以以花为礼，尽表寸心。但要注意：菊花、牡丹、康乃馨以及纸花都是忌送的。

法国人忌讳男士向女士送香水。当然男士向女士送玫瑰，尤其送双数，更要慎重。

（3）英国人的赠礼习俗

英国人常以请客吃饭、喝咖啡以及观看演出作为一种送礼的方式。由于英国人的社交活动比较多，在一些场合，可以送些小礼物，如小工艺品、巧克力等。对于上班族来说,送上一件带有公司标志的礼品,一定会令他们喜欢的。像我国的工艺品、鲜花、名酒等都比较受欢迎。一般不送香皂、香水等生活用品,尤其对方为女士时,以免造成误解。此外,带人像的礼物、菊花、白百合花、服饰等也不宜相赠。

英国人从传统上是轻礼的,认为过于好礼的人有受贿赂之嫌。因而,在给英国人送礼时,最好不要当着太多人的面,那样对方很可能会勉强收下,而心中不快。所以,可以单独在晚上送,在餐后送或看完演出后送。另外,英国人不当众打开礼品包装,认为那样做太不含蓄,缺少风度。所以,接受英国人送的礼物后,只要很真诚地表示谢意就可以了,然后细心地收好礼品,切不可使对方感到对他的礼品不重视。同时,最好不要和其他人谈收礼的情况。

(4) 德国人的赠礼习俗

给德国人送礼物要谨慎一些,关系一般者不宜送香水,不要送给女士玫瑰,即使女士送女士也不可。此外,会被视为有损友谊的刀剑和西式餐具(刀和叉)也不宜相送。德国人收送礼品时,大多不在意礼品的价格,他们往往将很普通的东西当成礼品来送人,而且包装得尽善尽美。如果接受德国人邀请赴宴或参加聚会,礼是必定要送的,但重在情义,不在价格。

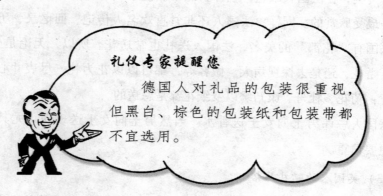

礼仪专家提醒您

德国人对礼品的包装很重视,但黑白、棕色的包装纸和包装带都不宜选用。

很多人觉得德国人小气,送的礼品是"金玉其外"。其实,在德国有

第3章 交际有礼

明文规定；送礼和接受礼品，其价格超过一定数额，就必须主动纳税。明白了这一点，和德国人交往，遇上该送礼时，就不必为礼品的价格费神了。而收到别人的礼品时，也不必觉得欠人情。

(5) 意大利人的赠礼习俗

意大利人喜欢使人快乐和高雅不俗的礼品。所以去意大利人家中做客，带上酒、巧克力、儿童玩具、书、画和精美的手工艺品等，都是受欢迎的东西。他们对于手绢、丝织品、亚麻织品以及带有十字花、美人像等图案的礼品是不欢迎的。

在与意大利人交往时，还要注意回避某些禁忌，除了欧美通行的忌讳以外，他们对"3"这个数字也没什么好感。此外，如果在祝贺或拜访时送花给对方，那千万不要送菊花，这在意大利人看来是非常不吉利的，因为它表示死亡和灾难。意大利人对于礼品的包装是很讲究的，颇有些"金玉其外"的倾向。但在礼品包装色彩上，他们更喜欢淡雅的色调，并且一定要避免紫色，这是意大利人公认的一种表示消极的颜色。送礼给意大利人时，一般是女主人接过去，然后当面打开，并表示感谢。如果按英国方式私下送礼，在意大利会被看做不礼貌的表示。

(6) 日本人的赠礼习俗

礼在日本是表示感激、谢意和祝福之物，所以日本人极爱送礼。在商务往来中，送礼被看做是促进合作、增进友谊的一种手段。与日本人初次见面，即需互赠礼品。在日本人赠送礼品之后，再回赠礼品，会使爱面子的人更有面子。

在给日本人送礼物时，最好不要当面送，应在私下送；同时，收到别人的礼物时，一定不要当面拆开，更不要问其价格。

日本人送礼喜欢名牌货，重价格，重包装。日本人喜欢的中国物品有字画、工艺品、中成药、丝绸等。送礼时，最好将礼品包装好。如送乌龙茶，一定要在名店，用有其店名的纸来包。一般情况下，可用花色纸包装，但不要系蝴蝶结。不要把带有动物形象或菊花、荷花图案的物品送给日本人，对狐、獾，日本人比较反感，因为狐狸是贪婪的象征，獾则代表狡诈。日本人对礼品及其包装的颜色也较为讲究，如红色代表和好与富裕，黑、白与葬礼连在一起。另外，日本人忌讳4和9及其倍数，故不宜送这些数目的礼物。

（7）韩国人的赠礼习俗

与韩国人交往，可适当留意一下他们的传统节日。在节日期间，去拜访韩国人，送一份精美的礼品，不失为加强联系和沟通的好途径。各国的工艺品和烟、酒、糖果是韩国人欢迎的，但最好不要送日本货。韩国人忌讳"4"，认为"4"是不吉利的，所以选择礼品时要注意这一点。去韩国人家中做客，送一束鲜花也可以。不过他们从不当着客人的面打开礼物的包装。

（8）阿拉伯人的赠礼习俗

送给阿拉伯人的礼品，应首先考虑其宗教习俗。凡带有猪、熊、猫和六角星图案的礼品或带有女性形象的礼品都不宜相送。不要送酒，不要给阿拉伯妇女单独送礼品。中国传统的工艺品，如景泰蓝、瓷器、漆器、银器都很受他们的欢迎。给他们的小孩送文具、玩具，也会让爱孩子的阿拉伯人高兴。此外，清凉油也是一种送给他们的挺不错的小礼物。商贸往来中，办公用品被认为是适宜的礼物。

第3章 交际有礼

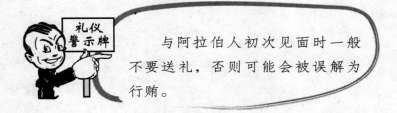

与阿拉伯人初次见面时一般不要送礼,否则可能会被误解为行贿。

每一个国家都有自己独特的送礼习惯,在与之交往时,只有尊重这些习俗,才能达到增进感情、加强合作的目的。

How to talk?
How to do?

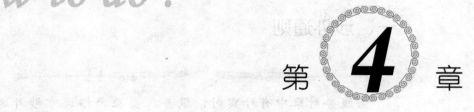

第 4 章

涉外服务

随着我国改革开放的日益扩大,外国客人来华越来越多,因此,服务行业的从业人员有必要了解服务的国际惯例。当外国客人来到中国时,对方需要注意的是入乡随俗,但是从我们接待外国客人角度说,需要注意的是讲求国际惯例。服务行业的从业人员只有了解并遵循基本的国际惯例,才能为外宾提供水准一流的服务。

How to offer service?

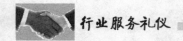

一、涉外通则

当服务对象中有外宾时,服务人员应严格遵守涉外通则,一切以国家利益为重,有尊严、有素质地完成涉外服务工作。外事无小事,一切服务工作都必须严谨、细致,只有这样,才能为我国赢得良好的国际声誉。

涉外通则

△忠于祖国　　△不卑不亢

△求同存异　　△重信守诺

△尊重隐私　　△热情有度

△不必过谦　　△女士优先

1. 忠于祖国

忠于祖国在对外服务中不是一句空话,在世界各国,它都是人际交往尤其是对外交往的一个基本点,它不仅是社会公德而且涉及人际交往中的国格和人格问题。我国服务人员在忠于祖国方面需要注意以下问题:

① 维护国家形象。我们的言谈话语、举止行为不能够侮辱我们的国家,不能够侮辱我们的民族,不能够侮辱我们的政府,不能够侮辱我们的人民,这是所谓国格人格问题。热爱祖国的爱国主义自古至今就是世界各国人民的一种深厚的感情。

② 保守国家秘密。所谓秘密就是内部信息,不希望被外人所了解。国

第4章 涉外服务

家交往有国家秘密,商务往来有商务秘密,个人还有个人秘密。有的时候这些秘密涉及国家安全,影响社会稳定,关系企业的生死存亡。有鉴于此,在国际交往中,一方面我们强调对外国客人要热情友善,另一方面我们还必须明确,就是要提升我国人民特别是服务行业从业人员的保密意识。不该说的事不能说,不该做的事情不能做,要明确有所为有所不为。

2. 不卑不亢

不卑不亢,是国际礼仪的一项基本原则。它要求每个人在国际交往时,都必须意识到,自己在外国人的眼里,是代表着自己的国家,代表着自己的民族,代表着自己所在的单位的。因此,其言行应当从容得体、堂堂正正。在外国人面前,既不应该表现得畏惧自卑、低三下四,也不应该表现得自大狂傲、放肆嚣张。

在对外宾服务中坚持"不卑不亢"的原则,是每一名服务人员都必须给予高度重视的大问题。要真正做到"不卑不亢",不仅在思想上要提高认识,要正本清源,端正态度,而且在工作中要付诸实践,一定要对"不卑"与"不亢"二者同时予以坚持,防止过犹不及,以一种倾向掩盖另外一种倾向。

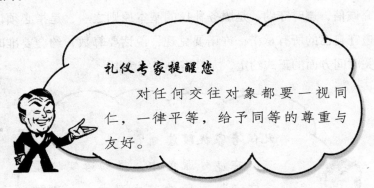

礼仪专家提醒您

对任何交往对象都要一视同仁,一律平等,给予同等的尊重与友好。

3. 求同存异

在对外服务中,服务人员经常会面临一个非常实际的问题:同样一件

行业服务礼仪

事情，在不同国家、不同地区、不同民族，往往存在着不同的处理方式。面对同一难题，来自不同国家、不同地区、不同民族的人们，通常会给出截然不同的答案。这是由于人们的思维方式与风俗习惯不同使然。

在对外服务中，面对不同国家、不同地区、不同民族的千差万别的风俗习惯，服务人员应当坚持求同存异、遵守惯例的原则。这是服务人员在对外服务中必须高度重视的一个大问题。服务人员必须正视我方与外方之间在风俗习惯方面的差异。"十里不同风，百里不同俗"绝非戏说之言，而是一种真真切切的客观现实。

在对外服务中，我方服务人员要对对方所独有的风俗习惯予以尊重。要做到这一点，首先要了解我方与对方在风俗习惯上所存在的主要差异。假如忽略了二者之间的差异，尊重外方的风俗习惯就会成为一句空话。

要求我方服务人员在外事活动中重视我方与外方的习俗差异，包括下列三个要点：一是心中要想到这种差异；二是眼里要看到这种差异；三是工作中要注意到这种差异。这样，服务人员在实际工作中才能更好地做到"有所为"、"有所不为"。

4. 重信守诺

讲究诚信，遵时守约，是服务礼仪的基本原则之一，是指必须认真而严格地遵守自己的所有承诺；许诺要兑现，说话要算数，约会要准时。对一切有关时间方面的正式约定，尤其需要恪守无误。

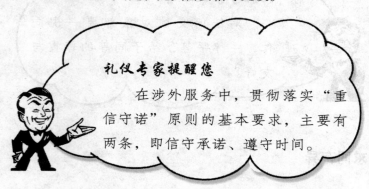

礼仪专家提醒您

在涉外服务中，贯彻落实"重信守诺"原则的基本要求，主要有两条，即信守承诺、遵守时间。

第4章 涉外服务

(1) 信守承诺

"遵时守约"原则的核心在于信守承诺。所谓承诺，一般是指向别人许下的某种诺言，或者对别人的某一要求答应予以照办。信守承诺，简而言之，就是要求人们在人际交往中说话一定要算数，诺言一定要兑现。

在服务中，服务人员在实际工作中处理有关承诺的具体问题时，应当重视下列两个方面：

- 必须重视承诺。
- 必须慎于承诺。

每一名服务人员都必须充分认识到：在对外服务中能否做到言而有信、遵守约定，直接与自己是否重视个人承诺密切相关。而重视个人承诺与否，又直接涉及自己对于个人信誉的重视与否。

(2) 遵守时间

遵守时间是信守承诺的具体体现，一个不懂得遵守时间的人，在人际交往中是难以遵守其个人承诺的。

遵守时间作为服务礼仪的基本原则之一，主要是要求服务人员应有严格的时间观念。在人际交往中，尤其是在对外服务中，对于一切与时间相关的约定，一定要一丝不苟，严格地按照约定执行。

目前，遵守时间在国际社会里已成为衡量、评价一个人文明程度的重要标准之一。因此，服务人员对此绝对不可疏忽大意，不以为然。

在对外服务中应当重点注意下列三个问题：

- 要有约在先；
- 要如约而行；
- 要适可而止。

对于双方有约在先的交往时间，轻易不要改动。万一因特殊原因，需要变更时间或取消约定，应尽快向对方进行通报，切忌让对方空候良久。

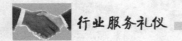

5. 尊重隐私

隐私就是一个人不希望别人知道、没有必要让别人知道的事情。一般而论，在国际交往中，尊重隐私主要表现在五个方面，可以把它叫做涉外交往五不问。

尊重隐私的要求

△ 不问收入多少
△ 不问年龄大小
△ 不问婚姻家庭
△ 不问健康状态
△ 不问个人经历

（1）不问收入多少

在市场体制的国家里，人们的共识是一个人收入的高低与他个人能力有关，与他所在企业的效益有关。这意味着，在一定程度上问一个人收入多少实际上就被对方理解为问他本事大小，问他企业效益的好坏。所以一个有良好教养的人是不随便问对方收入的。

（2）不问年龄大小

我们有时候喜欢问其他人多大岁数，哪年生的，什么属相。这是国人的一个习惯，但是在国外，尤其是在经济市场化的国家里面，除了收入是绝对隐私外，年龄也是一样。中国人是尊老的，老人家、老王、老金等称呼实际上都是表示尊重和友善，但是在很多国家，人们认为老的意思就是边缘化，老人就往往会被理解为退出历史舞台。所以，在对外服务中，不要随意问对方的年龄。

第4章 涉外服务

在为外宾服务时,两类人的岁数尤其不要去问:一类是老年人,还有一类是白领丽人。

(3) 不问婚姻家庭

家家都有本难念的经。国人比较喜欢打探别人:"有对象了吗?""结婚了吗?""夫妻两个人在一起工作吗?""婆婆在你们家住吗?""家里有孩子了吗?"等等。然而在西方国家,大多数人不谈这种问题。所以尽量不要问他人的婚姻、家庭情况。

(4) 不问健康状态

我们中国人比较关心他人,有时候会问别人:"你怎么脸色不好呢?""你有病了吗?""你胃怎么样呀?"没准还推荐俩偏方,但是内外有别,国际交往中不要去问别人健康状态问题,即使没有恶意,有时也会惹麻烦。

(5) 不问个人经历

不必问对方是哪个党派、宗教信仰是什么、什么学校毕业、是什么学位、以前在哪家公司干过等。英雄不问出处。出于自我保护的意识,很多外宾对自己的相关信息不会主动说,更不会跟你主动去沟通。

6. 热情有度

在为外国客人服务的时候,要注意身体之间保持一定的距离,千万不要热情无度,动手动脚,万不得已在服务中身体触碰到对方,要主动向对方说一声"对不起"。这是基本的礼貌要求。因为在国际社会中,主流看法是不论是同性还是异性,你碰到对方的身体都是非常失礼的。

同时,对对方的所作所为也不要在语言上给予过多的热情和关注。外国人往往强调个人尊严、个性独立,不希望别人对他的个人行为有过多的关注和干扰,所以在语言表达上要注意,除了不谈隐私之外,不要以命令式的口气跟别人说话,也不要以训斥的语气跟别人说话,否则好心也得不到好报。

对于外国客人,没有必要表情过分地夸张。该笑的时候笑,不该笑的时候不要笑,比如患者到医院来就医,表情比较温和就可以了。

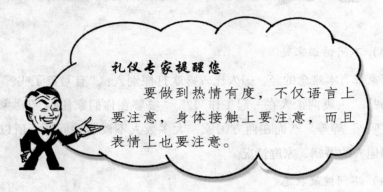

礼仪专家提醒您

要做到热情有度,不仅语言上要注意,身体接触上要注意,而且表情上也要注意。

7. 不必过谦

当和外国客人交往的时候,特别是为对方服务的时候,注意不要过分的谦虚。国人从小到大受的教育就是谦恭待人,这点是没错的,但是做任何事都要明白过犹不及。绝大多数外国人强调个性、强调尊严、强调自信,所以他们的习惯就是要勇敢地赞美别人,同时也要勇敢地承认自己的成绩,没有必要去过分谦恭。比如别人说"王先生,谢谢你为我做的事情",你应该跟他说"这是我应该做的、我尽力了",不要说"我这个是凑合着做的"。

值得注意的是,你为对方做的事情、你个人的成绩,包括你的学历、著作,都要认认真真地实事求是地去承认。承认自己的成绩是一种自信,也是一种尊严。有一位哲人曾经说过:过分的谦虚和过分的骄傲一样都会令人感觉到虚伪而不真实。

8. 女士优先

讲女士优先有以下三个点要强调：其一，女士优先主要是在社交场合，包括在服务岗位上为服务对象提供服务的时候；其二，强调女士优先、讲究女士优先的人往往是西方人或者受西方影响比较多的国家和社会里的人；其三，必须明白，当为外国客人服务时，包括面对外国的女性的时候，并不是每个女人都讲女士优先的，有些女权主义者就讲男女绝对平等，没有必要被特殊照顾。所以我们还是要让交往对象满意，要主随客便。

（1）语言表达

在语言表达上，要注意女士优先。比如说话时说"女士们、先生们"，而不是"先生们、女士们"。如果问候对方的话先问候女主人，然后问候男主人，先问候女客人后问候男客人。打招呼也是这样，先向女人打招呼，后向男人打招呼；

（2）行为举止

一个有良好教养的男人在公众场合、社交场合要帮女性拿物品。如果女人拿的包太大，要帮她拿。开门的时候让女人先走，下车的时候让女人先行。一般要让女人走在前面，让女人先行一步。如果女性晚到，那么已经就座的男人要起身表示欢迎。同样的道理，如果在社交场合中，男人和女人都坐着的话，那么，晚来的客人要主动先去问候女性，然后再去问候男性。

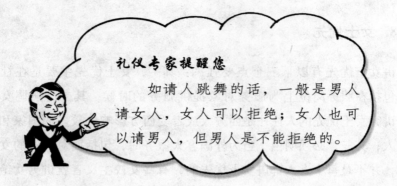

礼仪专家提醒您

如请人跳舞的话，一般是男人请女人，女人可以拒绝；女人也可以请男人，但男人是不能拒绝的。

(3) 特殊情况

在特殊的情况下，作为一个有良好教养的男人，要为女性排忧解难，要保护妇女。如遇到困难或遇到危险的时候，男人要挺身而出，这是一个基本的教养。

二、礼宾规范

> 依礼待客，守礼服务，是礼敬外宾的基本要求。其中最重要的规范服务标准，是指要严格按照国际通行的礼仪原则进行周到细致的礼宾服务。

1. 礼宾规格

确定与掌握礼宾规格，是迎宾与接待礼仪中非常重要的一项工作，也是一个国家或一个单位接待不同外宾采取不同标准、档次所要做的前期准备工作。外宾来访，既有国家元首、政府首脑，也有政治、经济文化部门的官员、企业家，甚至是民间商务人员。怎样接待这些外宾，怎样确定接待他们的规模、规格，都不是随意而为的。因此，大多数国家都有专门的文件对此进行规范。而确定礼宾规格就是这种规范中不可缺少的重要内容。

在对外接待工作中，礼宾规格指的就是在礼待不同层次宾客时所必须遵循的已被正式规定的具体要求。

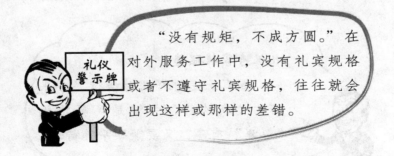

"没有规矩，不成方圆。"在对外服务工作中，没有礼宾规格或者不遵守礼宾规格，往往就会出现这样或那样的差错。

不论是确定礼宾规格还是遵守礼宾规格，服务人员都应当对其基本原则重点加以掌握。有了这些基本原则作为指南，处理具体问题时便会游刃有余，比较顺利。

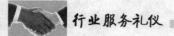

一般而论,有关礼宾规格确定与操作的基本原则主要有以下四条:

● 服从外交。在任何时候,确定礼宾规格或操作礼宾规格,均应首先服从于本国外交的大政方针。

● 身份对等。在确定接待外方人士的礼宾规格时,应与外方人士的具体身份相称,同时还应参照外方在接待我方身份相仿者时所采用的具体的礼宾规格。

● 一视同仁。不论其国家大小,不分强弱,不看贫富,不讲亲疏,严格地、无条件地平等相待。

● 有所区别。在确定和操作用以接待与我方存在习俗差异及其他差异的外方人士的礼宾规格时,必须充分考虑双方的这些差异,具体情况具体对待,不能千篇一律。

2. 礼宾次序

所谓礼宾次序,是指在国际交往中,对出席某项活动的国家、团体、各国人士的位次按某种规则和惯例进行排列的先后次序。

礼宾次序是我国对外接待工作中需认真对待的一项重要内容。作为服务人员,会经常碰到多方来宾同时造访的情况,在这种情况下,怎样合理地安排对来宾的接待,以及怎样安排对多方来宾的礼宾次序,就显得特别重要。

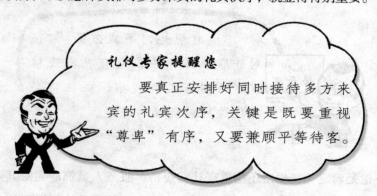

礼仪专家提醒您

要真正安排好同时接待多方来宾的礼宾次序,关键是既要重视"尊卑"有序,又要兼顾平等待客。

礼宾次序的常规排列方式主要有以下几种:

（1）按外宾的身份与职务的高低顺序排列

这种排列方法是礼宾次序排列的主要依据。如按国家元首、副元首、政府总理（首相）、副总理（副首相）、部长、副部长等顺序排列。各国提供的正式名单或正式通知是确定职务的依据。

（2）按参加国国名的字母顺序排列

多边活动中的礼宾次序，通常按参加国国名字母顺序排列。一般以英文字母顺序排列居多，个别情况也有按其他语种字母顺序排列的。国际会议和体育比赛多用这种方法。如在重大国际体育比赛的开幕式上，各国体育代表团均依照国名的字母顺序排列，只有东道主的代表团出于礼貌排在最后。联合国大会的席次也按英文字母顺序排列，但为了避免一些国家总是占据前排席位，因此，用每年抽签一次的办法来决定本年度大会的席位以哪一个字母打头，以便让各国都有机会排在前列。

（3）按通知代表团组成的日期先后排列

在一些国家举行的多边活动中，若各国代表团的身份、规格大体相等，东道主则按派遣国通知代表团组成的日期排列，或按代表团抵达活动地点的时间先后排列，或按派遣国决定应邀派遣代表团参加该活动答复的时间先后排列。

确定礼宾次序要遵守细致周到、认真执行、提前通报和轻易不变等原则。

（4）不进行排列

当没有必要排列或难以排列时，可以不进行排列。

3. 会晤与合影

在服务活动中，凡正式会晤多属礼节性活动，通常不会安排宾主双方就实质性问题深入进行磋商，但却可直接反映出宾主双方关系的现实发展程度。

有关会晤的礼仪规范甚多。在正式会晤时，需要注意正式介绍、座次排列与会晤中的合影等方面的礼仪与操作技巧。

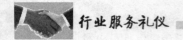

（1）宾主的介绍

在宾主双方正式会晤之初，介绍这道程序往往不可省略。

在对外服务中，介绍宾主双方的标准顺序是"先主后宾"，即应当先介绍主人，后介绍客人。此种做法，亦称"客人优先了解情况"。在其他情况下，介绍他人相识的顺序则讲究"尊者居后"。即介绍职务高者与职务低者相识时，应先介绍职务低者，后介绍职务高者；介绍长辈与晚辈相识时，应先介绍晚辈，后介绍长辈；介绍女士与男士相识时，则应先介绍男士，后介绍女士。

在为他人介绍前，先要确定双方地位的尊卑，然后先介绍位卑者，后介绍位尊者。这样，可使位尊者先了解位卑者的情况。

（2）座次的排列

在正式的涉外会晤中，宾主之间都非常重视座次排列。在正常情况下，适用会晤外方来宾的座次排列主要有以下五种具体形式。

座次的排列

△ 相对式　　△ 并列式
△ 居中式　　△ 主席式
△ 自由式

① 相对式。宾主双方面对面就座。此种方式显得主次分明，往往易于使宾主双方公事公办，保持适当的距离。它多适用于公务性会晤。

② 并列式。宾主双方并排就座，以暗示彼此双方"平起平坐"，地位相仿，关系密切。它多适用于礼节性会晤。

③ 居中式。属于并列式排座的一种特例。它指的是当多人一起并排就座时，讲究"居中为上"，即应以中央的位置为上座，请来宾就座；以其两侧的位置为下座，而由主方人员就座。

④ 主席式。通常是指主方在同一时间、同一地点正式会见两方或两方以上的来宾。此时一般应由主人面对正门而座，其他各方来宾则应在其对面背门

第4章 涉外服务

而坐。这种排座方式好像主人正在以主席的身份主持会议,故此称之为主席式。有时,主人亦可坐在长桌或椭圆桌的尽头,而请其他来宾就座于其两侧。

⑤ 自由式。即在进行具体会晤之时不进行正式的座次排列,而由宾主各方的全体人员一律自由择座。它多适用于各类非正式会晤或者正式举行的多边会晤。

（3）会晤时的合影

在服务活动中,特别是宾主双方正式会晤时的合影,通常应注意以下两个方面的问题。

① 准备充分。凡正式安排的合影,均应由有关人员提前做好必要而充分的准备。

② 排位合理。在服务活动中拍摄合影时,有时需要排定具体位次,有时则不必。在正式场合所拍摄的合影,一般应当进行排位。在非正式场合所拍摄的合影,则既可以进行排位,也可以不进行排位。

在一般情况下,正式合影的总人数宜少而不宜多。在合影之时,所有的参与者皆应站立。在必要时,可以安排前排人员就座,后排人员则在其身后呈梯级状站立。另外,若有必要,可先期在合影现场摆设名签,以便参加者准确无误地各就各位。

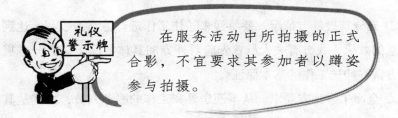

在服务活动中所拍摄的正式合影,不宜要求其参加者以蹲姿参与拍摄。

拍摄合影时,排位应遵守国际惯例,讲究"以右为上",即令主人居中,主宾居右,其他人员分主左宾右依次在其两侧排开。

4. 迎来与送往

做任何工作,都应当善始善终,服务外事接待工作更应如此。在奥运服务外事接待的具体过程中,始者,来宾之迎接也;终者,来宾之送别也。迎来送往作为服务外事接待工作的具体起点与终点,不仅我方理应重视,而且外方亦很关注。

在服务外事接待过程中,迎来送往绝不等于普通的迎送活动。它不仅反映着我方的接待水准,体现我方的礼宾规格,而且意味着双边关系发展的程度,暗示着我方对外方重视与否,同时还事关外方对我方接待工作的第一印象与最后印象。因此,无论对接待方还是被接待方而言,服务外事接待中的迎来送往都无疑被视为一桩礼仪大事。

服务外事接待过程之中的迎来送往,在礼仪上需要认真重视以下四个方面的问题,即:掌握详情、确定"时空"、关注细节、熟知程序。

(1) 掌握详情

掌握详情的要求
△ 充分掌握外方情况
△ 全面了解我方要求
△ 密切关注他方反应

① 充分掌握外方情况。要将迎来送往工作进行得圆满顺利,达到双方都满意的效果,我方有关人员首先应对外方的具体状况予以充分掌握,这是我方做好迎送工作的基本保证。

② 全面了解我方要求。从事迎送外宾工作的服务人员,尤其是其中的负责者,一定要对我方的相关要求有全面了解。

③ 密切关注他方反应。为慎重起见,在对外服务过程中,对其他各方对我方迎送活动的反应,应予以重视。

(2) 时间规范

在具体从事对外服务中的迎送工作时,对于时间问题理应高度重视。有关的礼仪规范,主要涉及以下五点:

第4章 涉外服务

- 须双方商定时间。
- 时间约定要精确。
- 要适当留有余地。
- 须反复予以确认。
- 严格遵守时间。

（3）空间规范

在规范迎送活动具体时间的同时，对于其具体空间亦应有所规范。所谓迎送活动的具体空间，通常是指用以进行迎送活动的具体地点。其有关的礼仪规范，一般包括下述五点：

① 主方专断。通常，有关迎送来宾的具体地点，均由东道主一方自行定夺。

② 空间开阔。在一般情况下，用于进行迎送活动的地点理应较为开阔。这一要求既是为了便于迎送活动的顺利进行，也是为了提升迎送活动的档次。

③ 环境良好。为了使我方的迎送活动给外方来宾留下美好印象，在力所能及的前提下，一定要充分考虑活动地点环境的好坏。

④ 有所区别。迎送来宾的具体活动地点往往根据不同情况而有所区别。

⑤ 相对稳定。一般而论，在对外交往中用于迎送来宾的具体地点，应当保持相对稳定。这既有利于我方人员熟悉情况，便于操作，又不会使外方来宾对不断变换地点有所评论。

（4）工作细节

在迎送外方来宾的具体活动中，我方的服务人员既要事事从大局着眼，明辨大是大非，又要处处从小事着手，关注具体的细枝末节问题，以防止因小失大。

根据一般经验，在具体的迎送活动之中，我方服务人员至少应对气象、交通、安全等三大细节的基本状况予以高度关注。

古人认为，要做好一件事情，通常需要"天时、地利、人和"。实际上，迎送活动之中的气象、交通、安全等三大细节，就是分别与"天时、

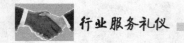

地利、人和"相对应的,所以必须重视。

外事迎送工作中应注意以下细节:

迎送工作中应注意的细节

△ 气象状况不可不察

△ 交通状况不容回避

△ 安全状况不得忽略

① 气象状况不可不察

在任何时候,气象条件的变化都会对人类的正常活动产生一定的影响。对迎送外方来宾的具体活动而言,气象状况更是不可不察。

② 交通状况不容回避

不论举行何种形式的迎送活动,交通状况都不容回避。倘若交通方面存在隐患,必将影响迎送活动的顺利进行。

③ 安全状况不得忽略

由于许多迎送活动往往公开举行,因此,有关部门和有关人员一定要对迎送活动的安全状况高度重视,并且牢固树立"安全第一"的观念。

5. 陪同服务

在陪同外方来宾的具体过程中,我方人员不但要具有高度的责任心,而且还应当掌握一定的陪同技巧。在道路行进、上下车船、出入电梯、通过房门、就座离座、提供餐饮、日常安排、业余活动等方面,特别应当遵守相应的礼仪规范。

(1) 道路行进

在路上行进时,礼仪上的位次排列可分做两种:其一,并排行进。它讲究"以右为上",或"居中为上"。由此可见,陪同服务人员应当主动在并排行走时走在外侧或两侧,而由被陪同对象走在内侧或中央。其二,单行行进。它讲究"居前为上",即应请被陪同对象行进在前。但若被陪同对象不认识道路,或道路状态不佳,则应当由陪同人员在左前方引导。引导者在引路时应侧身面向被引导者,并在必要时提醒对方"脚下留神"。

(2) 上下车船

在乘坐轿车、火车、轮船、飞机时,其上下的具体顺序颇有讲究:其一,上下轿车。上下轿车时,通常应当请被陪同者首先上车,最后下车;而陪同人员则应当最后上车,首先下车。不过,在具体执行时,应以方便来宾为宜。其二,上下火车。乘坐火车时,在一般情况下,一般应由被陪同者首先上车,首先下车,陪同服务人员应当居后。在必要时,亦可由陪同人员先行一步,以便为被陪同者引导或开路。其三,上下轮船。上下轮船,其顺序通常与上下火车相同。不过若舷梯较为陡峭时,则应由被陪同者先上后下,陪同人员后上先下。其四,上下飞机。上下飞机的讲究与上下火车的讲究基本相同。

(3) 出入电梯

进入电梯时,陪同服务人员理当稍候被陪同者。具体而言,进入无人驾驶的电梯时,陪同者应当首先进入,并负责开动电梯。进入有人驾驶的电梯时,陪同者则应当最后入内。离开电梯时,陪同者一般应当最后一个离开。不过若是自己堵在门口,首先出去亦不为失礼。

(4) 通过房门

在通过房门时,陪同人员通常应当负责开门或关门。具体而言:其一,进入房间时,若门向外开,陪同人员应首先拉开房门,然后请被陪同者入内;若门向内开,则陪同人员应首先推开房门,进入房内,然后请被陪同者进入。其二,离开房间时,若门向外开,陪同人员应首先出门,然后请被陪同者离开房间;若门向内开,陪同人员则应当在房内将门拉开,然后请被陪同者首先离开房间。

(5) 就座离座

就座与离座的先后顺序,在服务礼仪上早就有所规定。其具体要求有两个：其一，同时就座离座，若陪同者与被陪同者身份相似，则双方可以同时就座或同时离座，以示关系平等。其二，先后就座离座，若被陪同者的身份高于陪同者时，一般应当请前者首先就座或首先离座，以示尊重对方。

（6）提供餐饮

在提供餐饮时，陪同者与被陪同者所受到的具体礼遇往往会存在不同：其一，零点餐饮时，单独点菜或点饮料时，按惯例陪同者应当请被陪同者首先来点。其二，供应餐饮时，在上菜或者上酒水时，标准的顺序应当是：为被陪同者先上，然后再为陪同者上。

（7）日常安排

一般而言，外方来宾的具体活动日程早已排定，陪同服务人员无权对其加以变更。若外方人士要求变更活动安排，陪同人员不宜擅自做主，而应当及时向上级报告，并执行上级决定。

> **礼仪专家提醒您**
>
> 若陪同人员发现被陪同者的活动日程的确存在不足之处，可向有关方面进行反映，但不宜直接与被陪同者就此问题进行沟通。

（8）业余活动

在正常情况下，我方所接待的外方来宾在其工作之余，可在遵守我国法律的前提下进行自由活动。在必要时，我方陪同人员可为之提供方便。

若外方人士要求陪同人员为其业余活动提供建议时，陪同人员既要抱着热情、主动、积极的态度，也要具体考虑我方的有关规定、现场的治安状况以及活动的内容是否健康、合法。

若外方人士要求陪同人员为其业余活动提供方便时，陪同人员既要努力满足对方的合理请求，又要善于拒绝对方的不合理请求。无论如何，都不允许陪同人员帮助外方人士在华从事违法犯罪活动。

第4章 涉外服务

三、食宿周到

> 由于中西文化的差异和饮食习惯的不同，在满足涉外服务中来宾的食宿要求时，一定要做到内外有别，尊重宾客，遵守文明礼仪规范，尽量提供最周到的服务。

1. 食的礼仪

在涉外交往中，用餐的问题尽管极其普通，但却十分重要。在宴请外宾时，如果对用餐的问题考虑不周，就会令对方产生不满。而在出席外国友人的宴请时，若是在用餐之时举止失当，则又会见笑于人。

在以东道主的身份设宴款待外国人士时，需要注意的问题主要有菜单的选定、就餐的方式、宴会的位次、用餐的环境等。

在宴请外国人时，除了要注意节省开支、量力而行的问题之外，最重要的，是要对对方爱吃什么和不吃什么心中有数。

（1）不宜宴请外国人的菜肴

大体而言，不宜宴请外国人的菜肴主要有三类。

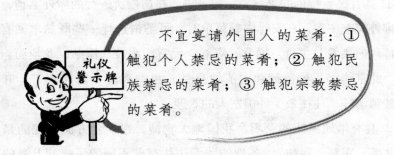

不宜宴请外国人的菜肴：① 触犯个人禁忌的菜肴；② 触犯民族禁忌的菜肴；③ 触犯宗教禁忌的菜肴。

① 触犯个人禁忌的菜肴。有人不吃鱼，有人不吃蛋，有人不吃葱，有

人不吃辣椒，等等。对此一定要在宴请外宾之前有所了解。

② 触犯民族禁忌的菜肴。美国人不吃狗肉、动物内脏、爪等，俄罗斯人不吃海参、海蜇、墨鱼、木耳，英国人不吃狗肉和动物的头、爪，法国人不吃无鳞无鳍的鱼，德国人不吃核桃，日本人不吃皮蛋，等等。

③ 触犯宗教禁忌的菜肴。在涉外服务中，对于这一点尤其要高度重视。如穆斯林忌食猪肉、忌饮酒，印度教徒忌食牛肉，犹太教徒忌食动物蹄筋和所谓"奇形怪状的动物"等，这一系列与宗教密切相关的饮食禁忌在涉外交往中一定要注意不要触犯。

（2）宜请外国人的菜肴

按照一般规律，可用以宴请外国人的菜肴基本上可以分为四类。

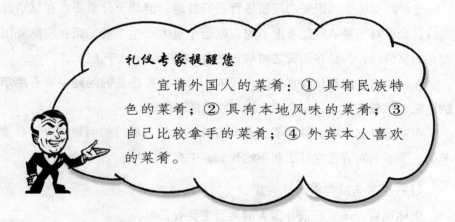

礼仪专家提醒您

宜请外国人的菜肴：① 具有民族特色的菜肴；② 具有本地风味的菜肴；③ 自己比较拿手的菜肴；④ 外宾本人喜欢的菜肴。

① 具有民族特色的菜肴。一般来讲，在国内所进行的涉外宴请，大都是安排外宾吃中餐。在安排中餐菜单时，可酌情选择一些既简单又有中华民族特色的菜肴与主食。通常，春卷、元宵、水饺、锅贴、龙须面、扬州炒饭、北京烤鸭、松鼠鳜鱼、清炒豆芽、鱼香肉丝、宫保鸡丁、麻婆豆腐、酸辣汤等，往往最受外国友人的欢迎。

② 具有本地风味的菜肴。我国地大物博，在饮食方面讲究的是"南甜、北咸、东辣、西酸"。各地的菜肴往往有着不同的风味。上海的"小绍兴三黄鸡"、天津的"狗不理包子"、西安的"酸汤饺子"、成都的"龙

抄手"和"赖汤圆",开封的"灌汤包子"、蒙自的"过桥米线",西双版纳的"菠萝饭"等,都在国内久负盛名。它们均可用以款待外国友人。

③ 自己比较拿手的菜肴。餐馆有餐馆的"特色菜",各家有各家的"看家菜"。在宴请外宾时,若是条件允许,均应以之作为菜单上的主角。不仅如此,当此类菜肴上桌时,主人还需细说其有关的典故,并且郑重其事地向客人们推荐。这样的做法,可以更好地向对方表达我方的尊重与敬意。

④ 外宾本人喜欢的菜肴。有道是"众口难调",宴请外宾时亦应重视这一点,尽量多安排一些对方爱吃的菜肴。考虑到这一点,在宴请外宾时,在有条件的时候,可在以中国菜为主的同时,上一些对方中意的家乡菜。

(3) 就餐的座次安排

越是正式的宴请,往往越注重宾主的座次安排问题。

在排列桌次时,通常讲究采用圆桌,并且各桌的就餐者宜为双数。在一般情况下,主桌可采用较大一些的圆桌,其他餐桌须大小一致,各桌的就餐者不宜超过 10 人,并且宜为双数。

在正式的宴会厅内安排桌次时,主要有以下几条规矩:

其一,居中为上。即各桌围绕在一起时,居于正中央的那张餐桌应为主桌。

其二,以右为上。即各桌横向并列时,以面对宴会厅正门时为准,右侧的餐桌高于左侧的餐桌。

其三,以远为上。即各桌纵向排列时,以距离宴会厅正门的远近为准,距其越远,餐桌的桌次便越高。

其四,临台为上。即宴会厅内若有专用的讲台时,应以背靠讲台的餐桌为主桌。若宴会厅内没有一专用的讲台,有时亦可以背临主要画幅的那张餐桌为主桌。

在排列每张桌子上的具体位次时,则主要有"面门为主"、"右高左低"、"各桌同向"三条基本的礼仪惯例。

所谓"面门为主",是指在每一张餐桌上,以面对宴会厅正门的正中那个座位为主位,通常应请主人在此就座。若宴会厅无正门时,则一般以面对主屏风正中的那个座位为主位。

所谓"右高左低",是指在每张餐桌上,除主位之外,其余座位位次的高低应以面对宴会厅正门时为准,右侧的位次高于左侧的位次。如果单就某一侧的座位而言,则距离主位越近,位次越高;距离主位越远,位次便越低。在一般情况下,可将主宾排在主人右首,而将主宾夫人排在其左首。主人的夫人则往往被安排在主宾的右侧就座。

所谓"各桌同向",则是指在举行大型宴会时,其他各桌的主陪之位,均应与主桌主位保持同一方向。

2. 宿的礼仪

在对外服务中,有关住宿方面的礼仪,主要涉及安排来宾的住宿和出访外国时安排自己的住宿两方面。

在为外国来宾安排住宿的具体过程中,一般应当注意三个方面的问题。

住的礼仪要求

△ 充分了解外宾的生活习惯
△ 慎重选择外宾的住宿地点
△ 热情照顾外宾的生活需要

(1) 充分了解外宾的生活习惯

例如,来自西方国家的外宾,往往是不习惯于与成年的同性共居于一室的。他们认为只有同性恋才会那么做。

第4章 涉外服务

（2）慎重选择外宾的住宿地点

在国内所接待的外宾，通常被安排在条件优越、设施完备的涉外饭店里住宿。直接请外宾住在自己家中不合适。

当需要安排外宾在涉外饭店里住宿时，有几点应当注意：

- 安排外宾住宿的经费预算状况。
- 拟住宿地点的实际接待能力。
- 拟住宿地点的口碑与服务质量。
- 拟住宿地点的周边环境。
- 拟住宿地点的交通条件。
- 拟住宿地点距接待方及有关工作地点的距离的远近。

（3）热情照顾外宾的生活需要

作为礼仪之邦，中国传统的待客礼仪最讲究的就是"宾至如归"。它的含义是：应当想方设法让客人抵达之后，感觉像是回到了自己的家中一样。这种境界，在今天接待外宾时，依旧是东道主应当努力追求的。

下篇

具体服务行业的礼仪规范

How to talk?
How to do?

How to offer service?

How to talk ?
How to do ?

第5章

交通服务礼仪

以文明礼仪规范交通服务工作,是城市和谐发展的内在需要,作为交通服务人员,要做到守规礼让、遵章守纪、文明驾驶、安全出行;要做到礼貌迎客、周到服务、言行得体、仪态端正,这些都是创造安全、文明、畅通的交通环境的重要条件。

How to offer service ?

一、客车服务

客车是人们享受外出服务的重要工具，客车服务人员的仪容仪表、言谈举止、服务态度和服务水平不仅是其自身综合素质的体现，更是客车公司乃至整个客车服务业的形象和作用的展示。在交通工具日益发达的今天，客车服务人员服务质量的好坏，直接关乎企业的生存和发展，因此，客车服务人员应具备职业所需的礼仪素养。

1. 面容规范

形象大师罗伯特·庞德说过："7秒钟就决定了第一印象，永远没有第二次机会给对方留下第一印象。"作为客车工作与服务人员，包括司机和服务人员，举止打扮不能只凭自己的喜好，还应考虑职业特殊性，给客人、领导留下积极、稳重、健康的第一印象。

有鉴于客车服务人员的职业特点，面容规范要注意以下三个方面。

面容规范的要求

△ 须发规范
△ 面部修饰
△ 肢部修饰

（1）须发规范

一头乱蓬蓬、油腻腻或者满是头皮屑的头发，绝不会给客人留下好印

第5章 交通服务礼仪

象。如果是私家车,须发要求干净、整洁就可以了,但作为客车服务人员,就要注意规范。

客车服务人员应经常洗头发,特别是夏天出汗较多,更要及时清洗,以保持清洁、卫生。

男士的头发留短不留长,最佳长度是:前不遮眉,左右不盖耳,后不及衣领。

留长发的女士开车时最好把头发扎起,或戴上帽子将头发盘于其中。否则,头发受到震动会遮住眼睛,影响视线和观察,整理头发时还会分散注意力。尤其在检验发动机时,长发有可能被发动机的运转件如风扇、皮带等缠上而造成事故。

(2) 面部修饰

首先就是脸的清洁,包括眼、耳朵等。要经常清洁耳朵,如果有耳毛的话,还要定期进行修剪。

无论是男士还是女士,都要注意皮肤的保养,保持面部皮肤的湿润、健康、卫生。女士工作时间可以适当化淡妆。

早晚特别是经过较长时间在外奔波后,更要注意清洁鼻子内外,起码不要让人看到不洁净的鼻孔。需要处理鼻涕的时候,要到没有人的地方用手帕或纸巾擦干净。不应当众擤鼻涕、挖鼻孔、乱弹或乱抹鼻垢,更不要发出"哧溜、哧溜"的声音。

要保持唇部的湿润。在干燥的季节,可以使用润唇膏,女司机可以涂和自己唇部颜色接近的口红。

(3) 肢体修饰

肢体也就是手、腿和脚,这些"并不重要的部位"因为动作多,有时候甚至比面部更受关注。

要保持手的清洁,手应该用香皂搓洗,包括手腕和指甲缝。不要把手当笔记本,在手上记、画东西。手上不要有汗渍和油污。

指甲要经常清洗、修剪。不能过长,从掌心这一面不能看到指甲。女士还可以为指甲做些浅色、淡雅的修饰。

夏天,女士穿凉鞋可以不穿袜子。但要注意光着的脚应该是干净的,脚趾甲要经过修剪、清洁。脚毛较重或者脚部不美观的女士,还是避免光脚的好。此外,女士如果穿丝袜,就不能穿有破损的丝袜,否则还不如不穿。

2. 服饰规范

服饰的功能已从遮身蔽体、防风御寒进化到掩瑕扬丽、赏心悦目。和谐的、优雅的、文明的服饰,体现着一个人的精神面貌和审美追求,还能让交往对象得到感官的舒适和认同。

(1) 着装的基本要求

穿戴整齐的客车上的工作与服务人员,能够体现生气勃勃、奋发向上的精神风貌。在日常工作、生活中,人们的衣着习惯已成为一种评判服饰美丑的标准,违背了这种标准,就会对自身的形象造成负面影响。

衣服要常洗常换,特别是夏季酷暑天气,司机冒着高温驾车,经常是汗流浃背,衣服更要勤换勤洗,才能除去汗渍和异味。对容易弄脏的部位更要注意整洁。

像大热天穿着背心开车,大冷天披着皮夹克接待客人、领导,穿西服却不系领带、穿夹克系领带以及胡穿乱戴等,都会给人留下不好的印象。长袖衬衫的下摆、吊裤带、吊袜及袜口都属于内衣范围,绝不应在外面"展示"。

第5章 交通服务礼仪

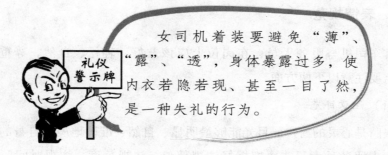

女司机着装要避免"薄"、"露"、"透",身体暴露过多,使内衣若隐若现、甚至一目了然,是一种失礼的行为。

(2)鞋袜搭配

在客车驾驶操作过程中,脚担负着踩踏离合器踏板、油门踏板及制动踏板的作用,而脚的功能是通过鞋和踏板的接触来完成的。所以鞋子的大小、厚薄、保暖程度及鞋带的长短、系着的松紧度都会影响上述动作的完成。选择鞋子时,除明文规定的不准穿拖鞋外,还不宜穿高跟鞋、平滑塑料底的鞋,以防万一踩滑制动踏板,造成行车事故。此外,超长的长筒皮靴或笨重的大头靴最好也不要穿,因为这类鞋同样会影响踩踏制动、油门、离合器踏板的灵活性。

鞋的选择,以黑色的牛皮鞋最佳。如果是女司机,和裙装颜色一致的皮鞋也可以选择。

夏天也可以穿凉鞋,但要注意脚的干净、卫生、无异味。女士穿凉鞋的时候可以不穿袜子。

作为男司机来说,袜子最好是纯棉、纯毛质地的,以棉、毛为主要成分的混纺袜子也可以穿。颜色一般选用深色、单色的,黑色比较正规。

作为女司机来说,袜子可以是尼龙丝袜或羊毛袜。有肉色、黑色、浅灰、浅棕等几种常规选择,最好是单色。高统袜和连裤袜,是裙装的标准搭配。如果发现有破洞、跳丝,要及时更换,太小、太短的袜子也不适合穿。穿皮鞋必须穿袜子。不论是鞋子还是袜子,图案和装饰都不要过多。一些加了网眼、镂空、珠饰、吊带、链扣,或印有时尚图案的鞋袜都不适合女司机穿着。

3. 表情规范

客车司机与服务人员，在岗位上应该友好、轻松、自然、尊重、尊严，需要注意以下两方面。

（1）注意目光

眼睛是心灵的窗户。目光能够最明显、自然、准确地展示自身的心理活动，表达各种意思。要把握好注视部位、注视角度、注视时间等三个问题。

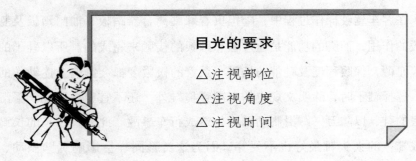

目光的要求

△ 注视部位

△ 注视角度

△ 注视时间

① 注视部位。目光的表现力很丰富，也常受感情因素制约。就工作场合来说，一般注视对方唇部和额中之间的区域就可以了。可以创造出平等、轻松、自信的气氛。

对方头顶、胸部、腹部、臀部、大腿或脚部和手部都是注视的禁区。如果对方是异性，尤其要避免注视这些"禁区"，否则就会引起对方的强烈反感。有时候需根据特殊需要，注视对方不同的身体部位。比如递接东西时，就要注视对方的手部。

② 注视角度。和多人打交道的时候，要用环视表示对他们的重视、一视同仁。一般注视角度要相对保持稳定。

对于异性，上下左右反复打量的扫视方式，会使对方感觉很不舒服，不宜使用。

不斜视。因为斜视通常被认为是动机不纯的表现，容易使乘客丧失安全感。

第5章 交通服务礼仪

不挤眉弄眼。因为这会被乘客、领导视为轻浮或油滑的表现，从而招致对方反感、不信任。

要目光柔和地看着别人的脸，而不要单单注视对方的眼睛。

③ 注视时间。当然，在开车的时候，眼睛只能看前面的路况。在平时交往、交流的时候，就要注意注视别人的时间。一般和对方目光接触的时间占和对方相处总时间的1/3比较好，每次看别人的眼睛保持在三秒左右，这样才会让人感觉自然。

（2）保持微笑

许多经验丰富的客车司机和服务人员都有切身体会，在遇到麻烦时，一个恰如其分的微笑，往往可以产生化埋怨为理解、化僵持为融洽的奇妙效果。

微笑应包含着温馨和真诚，蕴藏着友善和尊重。同开怀大笑相比，微笑是一种理智的笑、含蓄的笑。如果毫无节制地笑过了头，就会导致失礼，甚至失态，效果适得其反。

尽管微笑能够为优化服务带来好处，但是也不能不分场合、不看需要、一个劲地笑，这样会给人留下轻浮和庸俗的不良印象。微笑，是人际交往的一种润滑剂，在双方关系需要调剂时出现，起到事半功倍的作用。如迎接客人的时候，施以微笑；客人询问时报以微笑；向客人解难释惑时伴以微笑；工作出现失误时陪以微笑；或是受到表扬时还以微笑等都会使沟通更融洽。

但当对方出现了尴尬、困难，或者诸事不顺、心烦意乱、身陷逆境的时候，就要表现出平静或严肃，否则会被认为是对他们的嘲笑和讥讽。

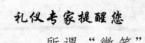

礼仪专家提醒您

所谓"微笑",既不是大笑,更不是狂笑,而是自然、从容地从内心深处流露出来的笑意。

4. 语言规范

常言道:"言为心声。"与人谈话的时候,在说话态度上要谦虚、礼貌,不能盛气凌人,要让客人觉得平易近人;在说话语气上,要热情、和气,不可冷言冷语,要让客人觉得和蔼可亲;在语言习惯上,要文雅、朴实,不讲粗话、脏话,要让领导或者客人觉得待人以诚、待人有礼。其次,还要努力把话讲得更得体些、更巧妙些,从而达到更佳的交谈效果。司机要做到语言文明,首先要加强语言修养,需要注意以下几个方面。

语言规范

△ 称谓礼貌得当

△ 措辞委婉贴切

△ 语气和蔼可亲

△ 避免脏话、粗话和别扭话

△ 语言清晰明白

△ 使用普通话

△ 讲话要简练

△ 结尾要收好

第5章 交通服务礼仪

(1) 称谓礼貌得当

礼貌而又恰当的称谓会使乘客感到亲切、舒心、温暖。反之，不讲礼貌，出言不逊，小则发生口角、心情不悦，大则还会导致争执殴斗。

称呼领导的时候，要称呼姓氏加上职务，比如李总、周科长等；称呼客人的时候，也要称呼姓氏加上职务，或者姓氏加上职称（李教授、王高工）、姓氏加上学位（余博士），姓氏加行业称呼（靳老师、孙医生）；对客人情况不太了解，也可以以年龄、性别作为称呼，如先生、女士、小姐等。不提倡称呼过于私人化的"伯伯"、"大妈"、"大哥"之类。

如果是称呼一般乘客，可以是"同志"、"先生"、"女士"、"老同志"、"您老"或"伯伯"、"大妈"之类。对于外宾可以根据情况，选择适当的称呼，如"先生"、"女士"、"夫人"等。

(2) 措辞委婉贴切

司机与服务人员在服务过程中说话用词，应尽量做到妥当、贴切、委婉，这样客人就会乐意接受，否则就会与客人的思想感情格格不入。

说话要三思，讲究语言艺术，措辞委婉、贴切、得体，尽可能把"硬邦邦"的话，甚至客人忌讳但又不能不说的话，以及客人不乐意听的话，都说得得体、中听，使处境尴尬的客人变得轻松自如。显然，这对提高工作质量是十分有益的。

(3) 语气和蔼可亲

说话和蔼、亲切、中听，就显得热情、诚恳、尊重人、关心人，这样就容易与客人沟通，达到共鸣，客人就会满意。同样一句话，语气不同产生的效果不同，稍不注意就会引起歧义，甚至会引起不必要的误会。为了使自己的谈吐既引起注意又显得得体，一定要注意声音大小、轻重粗细、高低快慢。

(4) 避免脏话、粗话和别扭话

粗话、脏话是不文明的表现，对个人形象、单位形象和信誉都有很大损害。讲话还要注意语句完整，表情达意要清楚，避免别扭话，否则也会

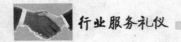

引起不必要的误会。

（5）语言清晰明白

语言美的另一个特征就是清晰明白。说话言辞要美，礼貌的谈吐、和蔼的态度虽然重要，但措辞清晰准确、表情达意明白也是很基本的要求。

只有语言清晰明白，才能真正方便客人。无论是解答客人的问题，还是对客人提出建议帮助，都少不了简洁清晰的言辞。如果含糊不清，无法表明自己的意见，不能使客人明白，那么即使工作态度礼貌和蔼，也起不到实际作用。

（6）使用普通话

使用普通话也是衡量客车工作人员与服务人员的语言修养高低的重要标准之一。普通话是国家规定的标准语言，也是在我国各族人民中普及面最广的语言。客车工作人员与服务人员迎接四面八方的来客，只有讲好普通话才能消除语言障碍、增进了解，和客人更好地沟通，从而提高工作效率。

（7）讲话要简练

研究表明，一个人完全集中在一件事上而不被其他思想干扰的时间只有11秒钟。这就是说，讲话人每讲30余个音阶后，就要产生一次心理疲劳。司机担负着驾驶车辆的任务，大脑还要想着行车路线的安排，因此不宜拿出更多精力与乘客攀谈，讲话应力求简洁、明快，有话则长，无话则短，少讲"这个"、"那个"等毫无表述作用、让人觉得不干脆的口头禅。

（8）结尾要收好

说话的时候要适可而止。当发现谈话的内容临近枯竭或客人、领导已经没有交谈兴趣的时候，应及时结束谈话。客人或者领导无意继续交谈的时候，一般都会有暗示，如故意看手表、不断地变换坐姿、心不在焉地环顾四周、打呵欠等。这时候就该知趣地结束谈话。

第5章 交通服务礼仪

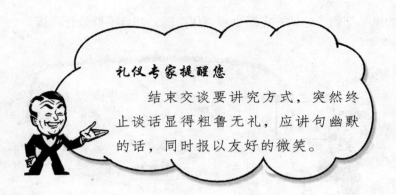

礼仪专家提醒您

结束交谈要讲究方式,突然终止谈话显得粗鲁无礼,应讲句幽默的话,同时报以友好的微笑。

5. 举止规范

行为举止,是每个人心灵的外衣。司机,特别是公交车和出租车司机,在待人接物中要表现出良好的职业素质,应该做到和气而不卑恭,热情而不轻浮,端庄而不冷峻,优雅而不脱众。

(1) 得体的坐姿

良好的坐姿,必须符合端庄、文雅、得体、大方的整体要求。

在车内的驾驶座上,姿势要端正、自然、大方,不要将手臂搭在车窗上,也不要斜坐或半躺在座位上,更不要将"二郎腿"翘得老高或脱掉鞋袜。

对女士来说,还有一个特例,就是上下车。得体地上下车,特别是穿着裙装的时候,不仅是为了优美,也是为了防"走光"。上车时,首先拉开车门,先将背部侧向座位,坐到座位上,再把双腿并拢一起收进车内,坐好后稍加整理衣服,坐定,关上车门。下车时,首先拉开车门,先侧过身体,把双腿并拢一起移出车外,可以用手稍扶椅,直立起身,稍加整理衣服,关上车门。

如果不是在汽车里,坐的时候要注意:女士站立时,只有当后腿能够碰到椅子时,才可以轻轻坐下来,两个膝盖一定要并起来,腿可以放中间或放两边。无论哪种坐姿,双腿都应该是并拢的。如果想跷腿,两腿需合

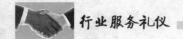

并，如果是穿裙子的话一定要小心盖住两腿，并且不要分开两腿。

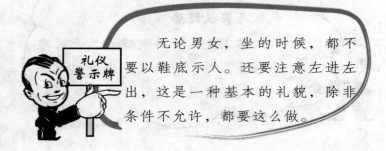

礼仪警示牌

无论男女，坐的时候，都不要以鞋底示人。还要注意左进左出，这是一种基本的礼貌，除非条件不允许，都要这么做。

(2) 积极的走姿

客车工作人员与服务人员走的时候，头要抬起，目光平视前方，双臂自然下垂，手掌心向内，并以身体为中心前后摆动。上身挺拔，腿部伸直，腰部放松，脚步要轻并且富有弹性和节奏感。

6. 文明驾驶规范

车让人让出一片文明，车让车让出一份秩序。文明驾驶是一种自觉、一种尊重、一种美德。文明驾驶从踏进汽车的那一刻就已经开始了。

文明驾驭的要求

△ 系好安全带
△ 正确判断车辆动态
△ 服从交警的指挥
△ 礼让行人

(1) 系好安全带

很多人认为上高速路才需要系安全带。其实这是个误解，只要你上

第5章 交通服务礼仪

车,就要系安全带,特别是司机和副驾驶座的人。

在城市或者其他公路上,你不能保证自己的行车速度一直很慢,或者不能保证其他人开车速度也会很慢,所以系安全带是对自己的有效保护。

科学研究证实,当高速行驶的汽车发生碰撞或遇到意外情况实施紧急制动时,安全带可以把司乘人员束缚在座位上,防止发生二次碰撞;同时它还有缓冲作用,减轻司乘人员的受伤害程度。

(2) 正确判断车辆动态

为了自己和其他车辆的安全,司机要对其他车辆的动态进行判断,并采取相应的行动,尽可能预防意外的发生。车辆动态包括起步、行驶中、停车等三种状态。特别是在行驶中,由于车辆混行的现象现在仍然广泛存在,很容易造成车辆相互干扰,车辆碰、擦、撞的几率也大大增加,所以如何判断车辆动态就显得非常重要。

尤其需要注意以下几点:

- 在车辆行驶中,密切注意对方车辆行驶动态;
- 遇到执行任务的特种车辆,尽可能及早避开;
- 会车的时候,准确选择会车地点、适当控制车速;
- 超车的时候,只有在确定前车确实为你让路的时候再超车;
- 遇到违章超速、违章抢道的车辆,坚持得理让人、礼让三分;
- 与状态异常的车辆尽量保持一定距离。

(3) 服从交警的指挥

交警是交通秩序的管理者、指挥者和执法者。正是有了广大交警的监督和执法,处罚了一些车辆的违章行为,才保护了大多数车辆和行人的生命财产安全。自觉遵守交通法规、尊重交警、服从指挥,积极配合交警工作,是创造和谐、文明、安全的交通环境的保障。

现在交警通常采取多种执法手段,比如,现场指挥疏导、专项交通整顿、固定岗位路面执法、电子监控设备记录违法行为等。但不管是何种执法手段、监督手段或措施,对司机来说,最好的应对措施就是不违章。如果对一小部分不自觉遵守交通法律、法规的司机，不处罚、不警告，那是对大多数遵守交通法律、法规的人的不保护和不尊重。

（4）礼让行人

我国《道路交通安全法》明确规定："机动车行经人行横道，应当减速行驶。遇行人通过人行横道，应当停车让行；机动车行经没有交通信号的道路上，遇行人横过道路，应当避让。"这些规定体现国际惯例中对行人的充分尊重。

汽车和行人、自行车相比毕竟是强势，司机理应有意识地让行。很多汽车与行人、自行车之间发生的意外，就是因为抢行者猛踩的一脚油门，不但自己没快成，反而出了事故、造成道路堵塞，可谓害人害己。

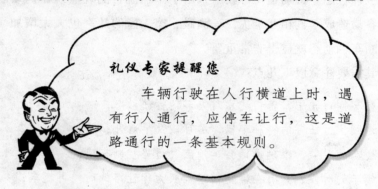

礼仪专家提醒您

车辆行驶在人行横道上时，遇有行人通行，应停车让行，这是道路通行的一条基本规则。

在行人和自行车集中的路口，车辆应该减速让行。

夜晚，当车辆在较窄街道上行驶的时候，如果对面有自行车行驶，就要关掉大灯，以免给对方造成视觉上的盲区，出现意外。

当车辆经过积水的路面或者土路的时候，如果路边有行人，就要放慢车速，并尽可能避开行人行驶，以免因车速过快把水溅到行人身上，或者扬行人一身土。

第5章 交通服务礼仪

二、出租车服务

出租车已是人们经常使用的交通工具之一，出租车司机的外在风貌、语言技巧，待客态度不仅是其自身素质的体现，也是公司的素质的体现，甚至是一个城市的服务形象和文明程度的体现。因此，出租车司机应有必备的职业礼仪素养，努力规范自己的服务行为。

1. 迎客技巧

在许多地方，如车站、码头、机场等人流集散地，并没有专人进行调度管理，出租车在指定的区域内一字排开，接受租车人的挑选。这时候，出租车司机掌握迎接乘客的技巧就显得十分重要。

迎客技巧

△ 目光迎接法　　△ 微笑迎接法

△ 问候迎接法　　△ 趋近迎接法

△ 介绍迎接法

（1）目光迎接法

目光迎接法，就是用友善的目光迎接乘客的到来。目光是人们进行信息沟通的一种形式，可以表达各种情感。用友善的目光迎接乘客，既是对乘客尊重、友好的表示，更是对乘客的邀请，可以使乘客获得自尊的满足并产生受欢迎的感觉。当乘客迎面走来，用目光去迎接，比上前询问是否用车更能有效地稳定对方的情绪，避免产生不必要的疑虑。目光迎接所要传达的信息是：欢迎您乘坐我的出租车。

（2）微笑迎接法

微笑迎接法，就是用真诚的微笑来表达对乘客到来的欢迎。微笑是一种令人愉快的表情，它所表达的意思是"见到您真高兴"。微笑所表达的情感是形象的、具体的，往往比语言更生动，它是出租车司机与乘客建立良好人际关系的重要手段。

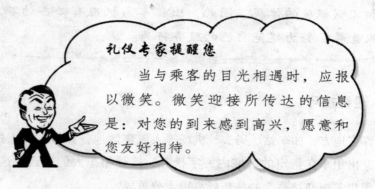

礼仪专家提醒您

当与乘客的目光相遇时，应报以微笑。微笑迎接所传达的信息是：对您的到来感到高兴，愿意和您友好相待。

（3）问候迎接法

问候迎接法，就是用亲切的问候和乘客建立直接的联系。问候表达对人的关心和友善，是人际间进行实质性沟通的"桥梁"。出租车司机对乘客道一声亲切的问候，可以使乘客获得宾至如归的感觉。问候要掌握好时间，恰到好处。问候过早可能令乘客尴尬，问候太晚则怠慢了乘客。当乘客向车厢方向走来，并注视司机这个方向的时候，可以用问候的方式迎接乘客，如："您好，需要租辆车吗？"问候迎接所要传达的信息是：关心您的需求，愿为您提供良好的服务。

（4）趋近迎接法

趋近迎接法，就是用缩短和乘客空间距离的方法迎接乘客。人和人空间距离的远近，体现着人和人之间的心理距离。在社会交往中，人们会自觉地与他人保持一定的距离，并按照人际关系的变化调节着相互的距离。

第5章 交通服务礼仪

当乘客驻足在出租车司机视线内，但还没表示租车意图时，就可以采用趋近迎接法，缩短和乘客的空间距离。

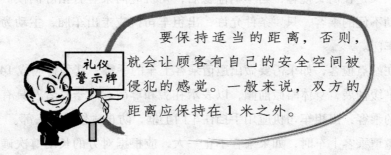

要保持适当的距离，否则，就会让顾客有自己的安全空间被侵犯的感觉。一般来说，双方的距离应保持在1米之外。

趋近迎接所要传达的信息是：恭候您到来，需要服务请随时召唤。

（5）介绍迎接法

介绍迎接法，就是用介绍情况的方式表示对乘客的欢迎。介绍是一种服务，可以帮助乘客了解出租车的情况，使乘客产生受重视的感觉。出租车司机向乘客介绍的内容，必须涉及出租车安全、服务、价格等情况才能引起乘客的租车兴趣。介绍迎接所要传达的信息应该是：我是您可靠的参谋，您租到的是满意的车辆。

2. 迎客上车

乘客表明了租车意向后，应主动、热情地迎接乘客上车。特别是对老弱病残孕和携带行李较多的乘客更要体贴和关照。

面对准备打车的乘客，出租车司机应表现出礼貌、热情、主动的服务风貌。乘客选择出租车作为代步工具，就是希望尽快抵达目的地，所以司机的动作应简练、敏捷、迅速，不要拖泥带水地耽搁乘客时间。迎客上车应掌握以下要领。

有些乘客打车，唯恐挨"宰"，总是先询问一下收费标准。这时候的解释既要简练，又要得体，以打消乘客的顾虑，使对方欣然上车。可以这样介绍："出租汽车执行的是经物价管理部门核定的统一收费标准，并实行打表计费，您尽管放心。如果您觉得收费不合理，这里有乘客监督电话号码，您可以打电话投诉举报。"

如果是在街头揽客，当车辆停稳后，司机应向乘客打招呼问候。如遇到行动不便的乘客，只要条件允许，出租车司机应走出车厢，主动为乘客打开车门。

在站点揽客，如果需要做出邀请乘客上车的手势，其手臂应成145°角向前平缓伸展，身体略微前倾，以表示礼貌和尊敬。对于长者及具有一定身份的乘客，出租车司机应用手挡住车门上框，防止碰伤乘客头部。

邀请乘客上车时，如果乘客不止一人，应根据对方的长幼尊次确定先后顺序。根据我国的传统习惯，二人同行的时候，右者为尊；三人同行时，中者为尊；多人同行时，前者为尊。也可以按照女士、长者或领导的顺序上车。在长幼尊次无法分辨的情况下，可以邀请离车门最近的客人先上车。

3. 协助与关照

对随身携带较多行李物品的乘客，司机有义务提供帮助，将行李物品安放好。目前，全国各地对出租车载物还没有统一的规定，但是在执行中基本达成了以下共识。

- 出租车的主要任务是运送乘客，乘客可以携带一定的行李物品，但不能以货代客；
- 乘客携带的大件物品必须放入后备行李箱内，其长、宽、高以行李箱容纳限度为准；
- 乘客携带物品的重量一般不得超过50千克；
- 严禁携带易燃、易爆的危险品及毒品、枪支、弹药、凶器等违禁品上车；
- 车内坐垫上，不准放置尖利、肮脏、油污的物品；
- 乘客携带的易碎物品、贵重物品应自己保管，如损坏或遗失，出租车司机概不负责。

第5章 交通服务礼仪

出租车司机帮助乘客提拿行李时要注意以下事项：

- 应迅速打开后备箱，然后迎上前去，帮助乘客提拿行李物品；
- 如果乘客不止一人，应首先帮助女士、长者提拿行李，也可以帮助乘客提拿分量较重的行李物品；提拿安放时，切记轻拿轻放，不要损坏；
- 帮乘客提拿行李的时候，乘客手中的公文包、坤包轻易不要去主动提拿；
- 对形迹可疑的乘客，应主动上前接过行李进行安放。如果对方神色紧张、语无伦次且不让接触行李，出租车司机应要求乘客打开行李进行检查。如果发现属于易燃、易爆的危险品，应坚决予以拒载。
- 如果乘客携带怕磕怕碰的物品，要提醒乘客自行妥善保管，如有损坏，概不负责，以免事后发生纠葛；
- 行李物品安置好后，应关照一句："都拿齐了吗？"并请乘客清点一下行李，然后关好后备箱，回到驾驶座上。

4. 不拒载乘客

所谓"拒载"，是在得知乘客的路途远近、车费收入的多少、行车的难易等情况后，对乘客实行"优胜劣汰"。在招揽乘客和迎客上车的过程中，最容易招致乘客强烈不满的就是"拒载"。它不仅给乘客带来极大的不便，损害了出租车司机的社会形象，而且败坏了行业的声誉。常见的拒载行为有如下几类。

- 刮风下雨等恶劣天气，人们争相"打的"时，一些出租车司机对"油水不大"的租车业务予以拒绝；
- 出租车在机场、码头、车站等营业站点排队候客，好不容易轮到接客时，却碰上一桩短途业务，个别司机可能"拒载"；
- 乘客租车要去的地方，路程刚好是一个基价公里，出租车司机觉得无利可图，予以"拒载"；
- 乘客要去的地方交通条件很差，经常发生堵塞情况，出租车进得去，出不来，怕影响生意，所以"拒载"。

杜绝"拒载"，除了端正经营思想、设身处地体验乘客"打的"的困难，急乘客之所急、想乘客之所想外，还要坚决贯彻执行出租车司机"上车问路"的规范要求。

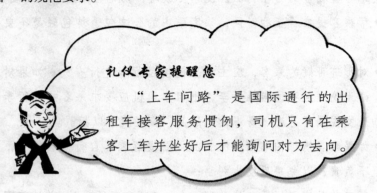

礼仪专家提醒您

"上车问路"是国际通行的出租车接客服务惯例，司机只有在乘客上车并坐好后才能询问对方去向。

上车问路，对乘客通常有两大好处：一是出租车司机无法在搞清对方去向后，将不愿承揽的乘客拒之车门以外；二是在没有暂停载客显示的情况下，乘客上车即形成"打的"的既成事实，司机很难以种种借口予以"拒载"。

但鉴于司机从自身和乘客的生命安全考虑或者是遵守交通规则的需要，遇到下列情况时可以"拒载"：

- 乘客酒后失去自制能力；
- 精神病患者及传染病患者；
- 无成年人带领的儿童；
- 乘客深夜租车去偏僻角落，且拒绝验明身份证件或拒绝到安全检查站登记的；
- 乘客在禁行路段扬手"打的"，应该减速靠近，用语言或手势表示此处不能停车；
- 乘客要求不使用计价器，而与出租车司机协商租价；
- 乘客利用出租车从事违法犯罪活动。

第5章 交通服务礼仪

5. 选择合理路线

乘客对行车路线的要求无非有两点：一是要快捷，二是要省钱。根据这一情况，在确定行车路线时一般依据三条原则。一是这条行车路线应该是从发车地点至目的地行驶公里数最短的路程，也可以说是一条捷径。二是这条行车路线交通障碍要少，不致造成车辆中途停驶。如在客流高峰期间，有些路段交通严重堵塞，车辆要在拥挤的车流中排队等候。对乘客来讲，选择这样的行车路线无论是经济上还是时间上都很不合算。三是这条路线要道路宽敞，车流通行能力强。如有一些小马路、小胡同，虽然从地图上看距离目的地很近，但是由于道路狭窄，行车不畅，也不是最佳的行车路线。

一般来讲，遇到以下情况，双方很容易因为行车路线的争议而引发矛盾：一是车费超过基价，乘客会怀疑出租车司机故意走弯路，使基价内的业务超公里以收取费用；二是前面是单行路或禁行路，乘客对路况不了解，误以为出租车司机绕道行驶是为了多收费；三是遇到前方修路或交通堵塞，出租车司机不做必要解释就改变行车路线，使乘客以为司机是借题发挥，绕道多收费。

遇到以上情况，出租车司机在服务中就要注意：

● 在行车路线的选择上不应存在任何私心杂念，而应从维护乘客的利益出发，结合城市车况、路况，主动为乘客确定一条既经济又快捷的行车路线。

● 选择行车路线应本着"优化、合理"的精神。即选择行程最近、最可取的一条路线。

● 对乘客提出的行车路线，如果有和交通法规相违背的，要及时、如实向乘客说明情况，并提出解决方案，以免让乘客觉得是司机故意要多绕路。

● 消除乘客疑虑的最好办法是增强行车路线的透明度，特别是对道路情况生疏的乘客，要将绕道行驶的原因如实说明，使对方理解体谅。

● 当车辆前进遇阻、必须改变原来的行车路线时，可以向乘客提出绕道行驶的建议，但必须经过乘客的同意后，方可择路而行。

● 当绕道里程较长、车费将有较大幅度的增加时，应事先说明情况，征求对方意见。

6. 满足乘客需求

乘客进入出租车后，第一需求是安全快速地抵达目的地。此外，还有一些细小的要求希望得到满足，如询问地址、了解情况、中途停车办事以及对车上的音响、空调等服务设施提出启用或关闭的建议等。乘客是车厢的主人，也是司机服务的"上帝"，对方提出的任何要求，只要是合理的和力所能及的，都应千方百计予以满足。

满足乘客需求

△ 语言服务

△ 便民服务

△ 设施服务

（1）语言服务

所谓"语言服务"，就是司机通过回答、解释问题，使乘客的某些需求得到满足的一种服务方式。一些乘客由于人地生疏或者情况不明，总是向出租车司机提出这样或那样的问题，希望得到满意的解答。

在回答、解释乘客所提出的问题时，应注意以下几点：

● 回答问题要实事求是，一是一，二是二，不随意夸大或缩小，更不要对不了解的情况胡说乱讲，以免误导乘客。

● 回答乘客问题，要明确、简练。避免唠唠叨叨、答非所问，既影响

第5章 交通服务礼仪

乘客弄清问题,又影响自己安全行车。

- 有些老年人因听觉能力衰退,讲一次可能听不清,此时司机不应显出不耐烦的样子,要有涵养和耐心,直到乘客听清为止。
- 司机回答问题时的语调要尽量做到柔和、悦耳,使对方感到诚挚、亲切。
- 有时候司机的回答并不符合乘客的心愿,甚至和乘客的想法相反,遇到这种情况,除了做进一步的解释外,最好保持沉默。

(2) 便民服务

出租车的便民服务,应具体而扎实地渗透于乘客乘车的各个环节,贯穿于运营活动的始终。在向乘客提供便利的时候,要掌握以下要领。

- 乘客提出停车要求时,司机应观察一下周围的交通环境,躲开禁行或禁停路段及区域,选择合适的下车地点,既满足乘客的要求,又不违反交通规则。
- 乘客下车办事,需要停车等候时,应主动和乘客约定等候地点和时间。为了避免个别乘客借口中途下车办事逃之夭夭而蒙受经济损失,可以让乘客留下已走完这段路程的车费,待乘客回到车上、到达目的地后补齐全部车费。
- 停车等候的时候,不应擅自离开车辆,让乘客回来时扑空。当到了约定的时间乘客还没回来,不应马上驾车离去,而是应该再耐心等待片刻。
- 对于乘客提出的下车地点,应尽量满足,但有时候乘客的目的地位于小巷深处或是倒车十分困难的死胡同,出租车司机应做好解释工作,求得对方的谅解。

(3) 设施服务

随着广大市民生活水平的不断提高,对出行的舒适程度要求也在不断增长,出租车正朝着多功能、高档化方向发展,不仅装有空调、音响等设施,还配备了车载电话,有些热心的司机还自备了一些常用物品,以备乘客一时之需。充分发挥这些设施的作用,增强出租车的舒适程度,使乘客体味到"家"的温暖。

出租车上的服务设施及常备物品主要有以下几种。

① 空调。费用已含在租价内,应根据乘客的要求打开或关闭空调,使车厢内的温度符合乘客的意愿。

② 音响。经常用于播放新闻节目和音乐,乘客喜欢用悦耳动听的乐曲冲淡车内的寂寞,化解旅途中的疲劳。

③ 其他常备物品。包括雨具、针线包、地图、报刊及常用药品(如晕车灵)等,在乘客需要的时候能马上派上用场。这些物品都应该无偿使用。

7. 讲究语言技巧

相对而言,出租车司机在语言的运用上,明显有别于公务车和私家车司机,因为出租车司机遇到的大多是萍水相逢的乘客。作为服务行业的司机,需特别注意以下几点。

出租司机的语言技巧
△ 讲好规范服务用语
△ 把话说得巧妙得体

(1) 讲好规范服务用语

客运管理部门从出租车司机迎客、待客和送客的各种语言模式中,经过筛选、凝缩、提炼后,形成了比较规范、比较实用的服务用语,即待客"五句话",具有简洁、明快、准确、周全的特点:"您好,请上车"、"请问您去哪儿"、"请您结一下账"、"请您勿忘随身携带的物品"、"再见,欢迎您再坐我的车"等。在广大出租车司机中推广和普及待客"五句话",

第5章 交通服务礼仪

不仅可以起到堵塞服务漏洞、联络乘客感情的作用,而且有利于行业整体服务质量的提高。

(2) 把话说得巧妙得体

在运营过程中,出租车司机不可避免地会同乘客发生这样那样的矛盾。把话说得巧妙得体,无疑可以增进彼此的理解,化解双方的误会,从而达到消除分歧、取得共识的目的。

① 委婉诚恳。比如有的乘客为了赶火车抢时间,一再催促出租车司机加大油门开快车,出租车司机当然不能照办。如果出租车司机生硬地回答:"撞死人你负责?!"那肯定会伤了对方的自尊,引起反感。如果出租车司机换个口气回答:"哎呀,这可太危险了。您坐我的车,我要为您的安全负责!"效果就完全两样了。尽管对方的要求被婉转地拒绝了,但他(她)能不为出租车司机设身处地为乘客着想的诚挚精神所感动吗?

② 通情达理。许多乘客对有关出租汽车运营的法规了解不多,时常为了自身的方便,提出一些与某项管理规定相抵触的要求。比如有的乘客为了逛商场少跑路,要求司机在禁行路段停车,这是绝对不允许的。司机可以彬彬有礼地进行解释:"实在对不起,这条街交通流量很大,为了乘客安全,交管部门明令禁止出租汽车在这里停车下客。前面不远的地方有个停车站,您可以在那里下车,离商场也很近。"这样的解释,既讲清了不能就地下车的缘由,又满足了乘客在附近停车的要求,这比仅回答一个硬邦邦的"不"字要好得多。

③ 微笑回绝。微笑,是表现真诚、调节和润滑人际关系的良药。不仅给看似平淡的生意带来滚滚财源,在增进理解、消除矛盾方面也能发挥特殊的功效。发自内心的微笑,可以增添语言的感染力,乘客对出租车司机的婉言拒绝比较容易接受。总之,真诚的微笑,足可以消除"不"字背后的负面影响。

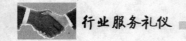
行业服务礼仪

三、空乘人员服务

> 空乘人员的仪表形象、言谈举止、服务态度、服务技能等不仅仅代表着自身,而且还代表着航空公司,甚至还代表着整个民航的尊严。在日益激烈的航空市场竞争中,空乘服务质量的优劣直接影响着航空公司的效益。所以,空乘人员必须具有良好的职业礼仪素养。

1. 亲和的微笑

心理学家认为,在人的所有表情包括笑容中,微笑是最坦荡和最有吸引力的。微笑服务是服务人员美好心灵和友好诚恳态度的外化表现,是服务中与客人交流、沟通的美好桥梁。

可以说,微笑是现代人际及工作交往中最起码的礼貌,也是最好的礼貌。对民航服务行业来说,微笑则尤为重要:它不仅是民航业工作者的职责所需,更重要的是,微笑能表现出善意、尊重和友好,使乘客消除陌生感和恐惧感,进而产生"宾至如归"之感,从而易与乘客建立起良好的沟通渠道和客户关系,有利于空乘人员做好服务工作。

而全国范围内进行的"乘客话民航"活动和其他渠道进行的对飞机乘客的调查也证明,给乘客留下最深印象的是空乘人员的微笑,高于"空乘人员的服务"、"机上供应品"、"安全"、"正点"等调查项目。

2. 舒心地问候

空乘人员舒心的问候,对于融洽自己与乘客之间的感情有很大的帮助。

第5章 交通服务礼仪

(1) 问候要积极主动热情

空乘人员向乘客问候时一定要积极主动,这是职业和礼貌的要求,也会让空乘在此后的谈话交流和服务中取得主动。如果问候不主动,则有可能因为乘客的走动、接听手机、与他人交流而错过问候乘客的时机,这一点很多人都有过体会。此外,如果对方先于自己打招呼,空乘人员一定要反过来问候乘客,不能没有反应。

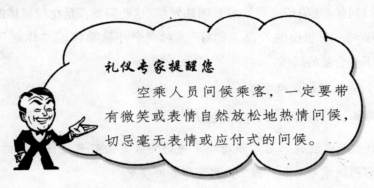

礼仪专家提醒您

空乘人员问候乘客,一定要带有微笑或表情自然放松地热情问候,切忌毫无表情或应付式的问候。

(2) 问候要声音清晰、洪亮且柔和

空乘人员问候乘客时,首先声音要洪亮,确保乘客能够听得见。特别在早晨、午后、傍晚等乘客神经尚未完全兴奋时,大声的问候会使乘客感到振奋,也使乘客对其有鲜明突出的印象,有利于服务气氛的开朗、活跃。

空乘人员问候乘客时,还要语言清晰。无论是中文问候还是英文问候,力求发音准确,吐词清晰,确保乘客能够听得清,不要含混不清、羞羞答答,也不要语速太快,更不要应付差事,否则,就达不到问候的目的。

空乘人员问候乘客时,还要语气柔和,确保乘客听得舒服。语气生硬,便失去了热情友好和善,不仅使问候成了多余,甚至会起到相反的效果。

为了做到这些,空乘可在平常多鼓励自己问候别人,提高自己的胆量

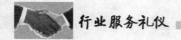

和反应能力，要具备观察别人的反应并调整自己的问候的能力。

（3）问候要注意人物、时间及乘机状况

乘客的情况千差万别，他们身份不同、目的不同，所以绝不可千人一样地问候。例如对行李过多的乘客，可以说："欢迎您，我来帮您吧"；对匆匆赶来的乘客，则可以说："你好，请不要着急，飞机还要等一会才起飞！"对生病的乘客则可以说："不要担心，我们会尽力照顾您的！"对长辈，可以问候："伯伯（母）好！阿姨好！"这些问候都是比较得体的，相反，如果对一个悲伤的人说"你好"，对一个外籍乘客说"你吃了吗？"等，则不是合适的问候。

（4）问候时的正确姿势

空乘人员问候客人时，应注意以下几点：

● 问候时要注视乘客的眼睛。正确的姿势是微笑着注视乘客的眼睛，坦诚自信明快地与乘客打招呼，欢迎乘客的到来。

● 空乘人员问候乘客时可以不握手，而将双手自然交叉于身前。

● 空乘人员问候乘客时的最佳姿势是一度鞠躬。

鞠躬按上身的倾斜角度不同可以分为三种，一度鞠躬是指上身倾斜角度为15度，表示点头致意；二度鞠躬是指上身倾斜角度为30度，表示向对方敬礼；三度鞠躬是指上身倾斜角度为45度，表示向对方深度敬礼。三种行礼方式适用于不同的情况：空乘问候乘客时最好用一度鞠躬；在问候长者或重要客人时，也可以用二度鞠躬；三度鞠躬多用于道歉。

3. 洁雅的仪表

空乘人员接待乘客时，仪表必须优美庄重、大方得体。具体地说，有以下三项原则要求。

第5章 交通服务礼仪

洁雅的仪表要求

△仪表要整洁
△仪表要朴素
△仪表要高雅

(1) 仪表要整洁

仪表整洁的要求是整齐、干净、合体、规范。

脸部及五官清洁干净无污痕，化妆大方正确，符合职业要求，能掩盖自己缺点，突出自己优点。

男性空乘不要留蓄胡子，最好天天刮剃。

头发要梳理整齐，并且清洁无味。女空乘不宜留长发，若留长发也要扎起或盘起；刘海儿也不要过长，过长的刘海儿容易挡住眼睛，会给乘客一种不舒服不安定的感受。男空乘不能留长发，最好理短发，工作期间不要随意摆弄头发。

空乘所穿制服要干净、挺括、合身，不得有破损、开线、皱褶、掉扣、过宽大或过紧小等情况，皮鞋光亮无灰尘。

(2) 仪表要朴素

空乘接待乘客时，朴素大方也是很重要的。基本要求有三点：一是不化浓妆化淡妆；二是职业着装规范得体；三是除职业装束外，不穿其他服装，尤其是不佩戴贵重的首饰，以拉近与乘客的距离。

(3) 仪表要高雅

空乘人员仪表除了纯粹外在的条件如相貌、身材、着装、化妆、姿态外，更重要的是自己内在气质、修养、知识的对外流露，并内外统一地体现于微笑、眼神、言行、姿势仪态、服务经验等中，可以说，想拥有高雅的风度仪表，需要长时间磨炼、学习和积累的过程。

4. 得体的语言

得体的语言

△ 语言交流要针对乘客
△ 委婉表述否定性话语
△ 简练、通俗、亲切
△ 与表情、动作相一致

(1) 语言交流要针对乘客

空乘人员要善于察言观色,有很好的听话能力,能迅速判断乘客的情况、心理和服务需要,尽量站在乘客的立场上说话办事,力求听懂乘客的话外之音或欲言又止之处。不看对象、场合,千篇一律地应答或服务也是不合适的。空乘面对的是来自不同国家、不同地区,文化层次不同,职业、年龄、地位不同,风俗习惯不同的乘客,所以必须注意区别对待。

要掌握多种语言表达方式,善于使用礼貌用语和无声语言,避免平淡、乏味、机械。

(2) 委婉表述否定性话语

因工作需要或条件限制而需要拒绝乘客时,如果直接使用否定词句会显得十分生硬,让客人的心情不愉快。因此,即使在需要对乘客说"不"的时候,也要尽量用委婉的表述方式。如把"请不要吸烟"改成"对不起,这里是不能吸烟的";或"对不起,能否关掉空调,这位乘客有点发烧。""这两位乘客想坐在一起,能否请您和他们换一下?""先生请谅解,您最好别在客舱内打手机!""我来帮您系安全带吧!""等飞机飞至正常高度时,您再用电脑行吗?"等等。

(3) 简练、通俗、亲切

因为工作的特点,空乘人员服务用语要简练、清楚、通俗、亲切。

第5章 交通服务礼仪

如:"欢迎您乘坐本次航班!""早上好,您的座位在飞机中部。""请您不要吸烟,好吗?本次航班为禁烟航班。""对不起,我能帮您放行李吗?""对不起,现在不能调节空调,我去给您拿条湿毛巾。""请问您想看什么方面的报纸?""您想喝点什么?""咖啡要加奶吗?""请耐心等一下,过几分钟我们就供应晚餐。""您的脸色不太好,是哪儿不舒服吗?""我扶您去洗手间清洗一下吧!""我会在2点钟叫醒您吃药的。""飞机已经完全停稳,您可以下飞机了。""先生,外面风大,小心吹跑您的帽子。"总之,要多说让人听着舒心的话,即"一句好话三冬暖"。

(4) 与表情、动作相一致

可以自己体会一下,人们如果只说话而无表情或动作,语气容易是命令式的,会令听话者很不高兴。所以空乘在为乘客服务时,应尽量让自己说话时配以适当的表情和动作,并保持一致性。尽管有时会很累很烦,但既然仍在工作状态,就要拿出最佳状态,否则会出力不讨好,岂不可惜!

5. 规范的动作

空乘人员的动作礼仪,主要包括以下几方面:

(1) 候机时的动作礼仪

空乘人员在候机时的言谈举止、动作礼仪应该保持和直接与乘客接触时一样的严谨、规范,因为虽然此时空乘尚未面对乘客进入服务程序,但乘客会看在眼里。所以此时空乘应该注意以下几点:

- 化妆、发型、行李箱等符合公司要求,着装规范统一,如果在行走中,保持动作一致,最好是列队行走。
- 空乘之间讲话声音要小,以只在相互间可以听到为宜,手势要少要轻,切记不可玩笑打闹、嘻嘻哈哈,公共场合严禁大声喊叫和大笑。站姿、坐姿等要符合空乘礼仪标准,保持自己的良好形象。
- 空乘在身穿制服时不要吸烟(面对乘客服务时严禁吸烟)。休息时可吸烟,但要注意把烟灰烟头置于烟灰缸或垃圾桶内,禁止乱丢烟灰、烟头。

- 不得当众补妆或修饰面容，如需要，请到卫生间进行。

（2）迎宾送客的动作礼仪

乘客登机或离机时，空乘应在舱门口和客舱内相应的位置迎接或送别，注意一定要行礼。常用的行礼方式有鞠躬礼、握手礼、拥抱礼。

① 鞠躬礼。这里要特别提醒空乘的是，行鞠躬礼时最重要的是空乘的目光、面部表情和问候语与行礼的完整配合，注意面带微笑、目光平视和恰当地使用问候语。

② 握手礼。握手礼是社交礼仪和服务礼仪中常见的礼节之一，包含问候、感谢、慰问、祝贺、高兴、鼓励、劝慰和告别等意思。

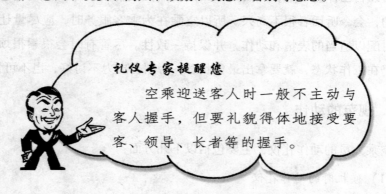

礼仪专家提醒您

空乘迎送客人时一般不主动与客人握手，但要礼貌得体地接受要客、领导、长者等的握手。

（3）引导客人的动作礼仪

引导客人时，应五指并拢，手心微斜，指出方向。而且应走在客人一两步之前。让客人走中央，自己则走在走廊的一边。

为了与客人的步伐保持一致，要时时注意后面，走到拐角处时，一定要先停下来，转过头说"向这儿来"。这时，如果你走在内侧，应放慢速度；相反，如果走在外侧，则应加快速度。

（4）提供茶水饮料及报纸杂志的动作礼仪

给客人上茶、饮料或送机上读物前，首先应把手洗干净。然后，按人数多少准备茶杯（饮料杯和各种报刊）。这时应认真检查茶杯是否干净。

第5章 交通服务礼仪

然后往茶杯中注入八分茶水，留意茶的浓度。机上读物应该每个品种都有多份。

空乘在推车时动作应轻而稳，靠近乘客时，要上身微倾，用适当的音量和语调询问乘客要不要用茶、饮料和要哪一种饮料（要不要阅读机上报刊和要哪一种报刊）；对闭目休息的乘客则要说"打扰了"，或等他们休息后再提供服务。

（5）指示方向及物品位置的动作礼仪

这里重要的是五指并拢，用手掌的全部来指示。掌心向上，以肘关节为支点，指示目标。手腕不要弯曲，切忌伸出食指来指点，非常不雅。

肘的角度不同，距离感也就不同。另外要注意，单靠手势指示，神情麻木或漫不经心也是不可取的，还要靠视线、面部表情和身体各部分的配合，才能让乘客感受到情感投入的热诚服务。

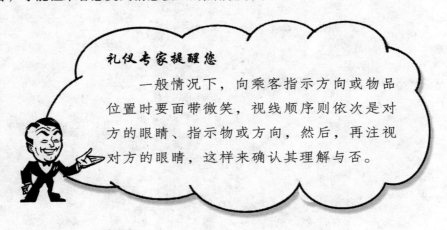

礼仪专家提醒您

一般情况下，向乘客指示方向或物品位置时要面带微笑，视线顺序则依次是对方的眼睛、指示物或方向，然后，再注视对方的眼睛，这样来确认其理解与否。

作为原则，指示哪一侧，就要用哪一侧的手。如果手空不出来，则不在此列。

How to talk?
How to do?

第 6 章

酒店服务礼仪

酒店服务的综合性特点极其鲜明，它集住宿、饮食、购物、娱乐等综合服务于一身。在这种情况下，提高酒店的服务礼仪水准就显得十分必要。酒店服务礼仪主要包括前厅服务礼仪、客房服务礼仪、餐饮服务礼仪、酒吧和其他娱乐服务礼仪等。为了使宾客来时有如回家之感，离时有流连之情，酒店服务人员在接待和服务中，就需要特别讲究服务礼仪。

How to offer service?

一、服务的基本要求

> 酒店服务礼仪的宗旨是礼貌服务、宾客至上。酒店服务礼仪主要表现在全心全意为宾客服务的理念上,要求酒店服务人员讲究服务艺术,遵守服务礼仪规范;尊重特定的风俗习惯和宗教信仰,使客人获得满意的感受,认可酒店的服务,从而树立起良好的酒店形象和个人形象。

1. 以宾客为中心

(1) 宾客第一

走进酒店的人,都是酒店的朋友、宾客,是酒店工作人员服务的对象。尊重客人,树立以宾客为中心的观念,是提供优质服务的基础。这就要求酒店服务人员在提供服务、安排工作时,都必须站在宾客的角度考虑问题,想宾客之所想,急宾客之所急,变"我想怎样"为"宾客会认为怎样",以宾客的满意为最高目标。

(2) 热爱服务工作

酒店服务人员为宾客服务时,除满足宾客食、宿、行、游、购、娱等物质需求外,还应通过优质服务,给宾客留下美好难忘的印象,使客人保持愉快的心情,特别是得到精神上的满足。树立以客人为中心的观念,以情动人,提供人性化服务,酒店服务人员应做到以下三点:

① 主动服务。在宾客开口之前就提供服务,这要求酒店服务人员要有很强的感情投入,细心观察宾客的需求,及时为客人提供个性化服务。

② 热情服务。酒店服务人员要以饱满的精神、满腔的热情,为宾客提供优质服务。

第6章 酒店服务礼仪

③ 周到服务。在服务项目和内容上,要细致入微,处处方便、体贴客人,千方百计地帮客人排忧解难。

2. 提供周全服务

(1) 当好"礼仪大使"

酒店的每一项服务都离不开礼貌礼节,酒店服务人员应承担起礼仪大使的责任,以主人翁的精神,运用礼仪去体现对宾客的友好和敬意;特别是将各民族一些独特的风俗习惯,灵活恰当地运用到服务中去,更能增强客人宾至如归的感受。

酒店服务人员不仅要方便、满足客人,也要感动、陶冶客人。服务人员应充分认识到自己的神圣使命,正确认识"服务于客人"的角色,对所从事的工作充满自豪感,做到有礼有节、落落大方、热情真诚,赢得客人尊重。

(2) 牢记服务公式

"100-1=0",是酒店服务礼仪的公式,也是酒店服务人员提供优质服务的基础。酒店提供的产品具有独一性,无论服务项目有多少,服务时间有多长,服务人员换了多少个,对客人而言,就只有一个产品:服务。只要某一环节、某一时刻出现差错,就会损害企业的整体形象,就难以使客人获得愉快的感受。

(3) 客人永远是对的

一位经济学家说过:"市场经济就是消费者至上的经济。如果宾客都不来,就无法获利。如果你当了上帝,那么宾客只好另寻他门了。"客人到酒店花钱是为了图舒适、买享受、求尊重,如果他们感到一丝无礼,就会觉得是"花钱买气受";当今,坚持"宾客至上"、实行"客人永远是对的"等理念已成为服务行业的共识。即使遇到个别不讲理的客人,酒店服务人员也应有强烈的"角色"意识,遵循"客人永远是对的"原则,从容大度地处理问题。这样,酒店服务人员在令客人感到被尊重、感到高兴和满意的同时,自己也因成功履行了服务人员的职责而成为胜利者,这就是双赢原则。

得理也让人。要真正做到尊重客人,应当具有"让"的精神,坚持"顾客永远是对的"。其实,客人并非永远是对的,当他们有情绪、偏执、爱挑剔和犯错时,酒店服务人员绝不能与其顶撞、争执和批评,而应理解并容忍他们,坚持把"对"让给客人,做到得理也让人。酒店服务人员若赢了客人,就无异于给了客人一耳光,会把客人赶走,严重影响酒店的声誉。

第6章 酒店服务礼仪

二、前厅服务礼仪

> 前厅是每一位宾客抵离酒店的必经之地。宾客对服务质量的优劣评说，也往往从前厅部开始，因为前厅部的服务，贯穿于酒店对宾客服务的全过程，决定了宾客的满意程度。所以，从事酒店前厅服务的人员，要严格依据服务礼仪的要求，规范自己的行为。

1. 员工素质要求

酒店前厅部的业务范围通常包括接待、订房、问讯、行李、总机等职能部门的业务，为客人提供登记、接待、订房、分房、换房、问讯、电话、订票、留言、行李、退房等各项服务。因前厅是酒店的"门面"，因此，对前厅部服务人员的各方面素质和礼仪服务应有较高的要求。

酒店前厅服务人员应有如下素养：

前厅服务人员素质要求
△ 品行诚实、正直
△ 具有良好的服务意识
△ 拥有较高的职业素养
△ 具备较强的适应和控制能力

（1）品行诚实、正直

酒店前厅部的工作种类较多，有些会涉及价格、金钱以及酒店的经营秘密，如果前厅的服务人员没有良好的修养，品行不端，就很容易发现并利用酒店管理中的某些漏洞，利用岗位职责之便，为个人牟取私利，损害客人和酒店的利益，从而直接影响酒店的服务质量，损害酒店的形象和声誉。因此，须用严格的规章制度对前厅的服务人员进行监督制约，并督促他们自觉加强品行修养。

（2）具有良好的服务意识

酒店前厅部服务人员应该随时通过自己的细心观察，以自己的不懈努力，做到"眼里有活、手勤干活"，为客人提供优质服务，在第一线岗位上为客人排忧解难。前厅服务人员唯有想客人之所想、急客人之所急，才能为客人提供尽善尽美的服务，使客人满意。

（3）拥有较高的职业素养

作为酒店前厅服务人员，应具备如下的职业素养：

- 敬业乐业，认真负责。
- 勤学好问，积累知识。
- 语言表达，标准流畅。
- 精神饱满，举止得体。

（4）具备较强的适应和控制能力

酒店的前厅部工作是一项要求具备高度的适应能力和自控能力的工作，概括地说就是要"灵活"和"忍耐"。服务人员做到"灵活"和"忍耐"的途径很多，但主要是靠自我修炼，即养成良好的修养。

适应和自控能力的养成和运用并不容易，这是一种涵养，获得这种能力的动力来自酒店服务工作的宗旨、酒店的群体凝聚力和酒店服务人员自觉的敬业乐业精神。

2. 接待问讯

前厅店服务人员在接待问讯时，对每位客人都必须彬彬有礼，一视同仁，应该在掌握大量信息的基础上，尽可能地解答客人提出的问题。具体

第6章 酒店服务礼仪

来说，前厅服务人员应做到以下几点：

- 要站立服务，精神饱满，举止自然大方，精力集中，做好随时接待客人的准备。这就要求前厅服务人员首先要熟悉业务，明确自己的职责。
- 热情主动，微笑相迎，有问必答，百问不烦，口齿清楚，用词得当，去繁就简，节时高效。
- 回答客人询问时，遇到自己确实不清楚的疑难问题，不要不懂装懂，以免闹出笑话或是耽误了客人的时间，而应该诚挚地向客人表示歉意，请客人稍候，然后迅速查阅有关资料或向有关部门、人员请教，再给客人以满意的答复。
- 当客人犹豫不决、拿不定主意时，可以通过察言观色等适时介入，应客人要求，热心为客人提供信息，当好参谋。但要注意热情适度，只能当参谋，不要参与决策，更不要干涉客人私生活。
- 作为前厅服务人员，在任何情况下都不得讽刺、挖苦和讥笑客人。

3. 接待来宾投宿

前厅服务人员在听清宾客的要求后，应请其填写住宿登记单，并根据客人要求和客房实际情况，尽量满足客人的需求为其安排好房间。如客人的要求无法得到满足，不能简单地以"不行"拒绝，而应首先向客人致歉，接着向他提出有益的替代建议，供客人选择参考。

对每一位客人，都应按照制度、程序进行必要的登记，应使客人理解住宿单上所反映的情况，有利于酒店及时了解不同客人的实际需求，以便更好地提供周到的服务。

4. 受理预订业务

（1）受理预订业务

接受电话预订或柜台口头预订时，前厅服务人员应主动问好，询问需求，根据各种不同类型的客人准确报价。若不能全部满足客人要求时，前厅服务人员应建议客人做些更改，主动提出一系列可供客人选择的建议；若实在无法满足，也应用友好歉疚的态度对待客人，并希望客人下次光临。

（2）处理客人邮件

前厅服务人员一上班，就要先看已有的邮件，并做到心中有数，当客人询问邮件时，要迅速准确地做出答复。

如果有客人的邮件，特别是快件，应立即送交客人，不得无故拖延。

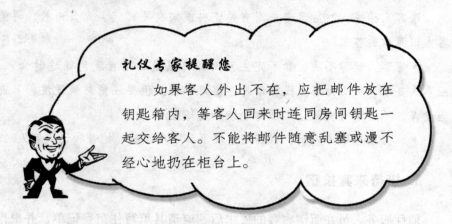

礼仪专家提醒您

如果客人外出不在，应把邮件放在钥匙箱内，等客人回来时连同房间钥匙一起交给客人。不能将邮件随意乱塞或漫不经心地扔在柜台上。

如果客人找到总服务台声称有急事要邮寄，正赶上收信时间已过，前厅服务人员应设法得体、妥善地帮助客人解决困难。

对于已经预订了房间的客人的邮件，应在客人抵店登记时交付。对因客人离店等原因导致的无法转付的邮件，应作退回处理。

5. 结账与送客

客人离开酒店前来前店付款结账时，出纳员要事先整理好结账单，结账单记载的顺序要和原始记账单上的记载顺序一致。当客人来结账时，应当场核对。热情、周到、迅速、准确地尽快办理，不耽误客人的时间，以满足客人的愿望。

客人结账完毕，要向客人致谢，欢迎再次光临。

第6章 酒店服务礼仪

6. 处理客人投诉

酒店提供的服务以尽善尽美为努力的目标,但实际上总还会有不周到的地方,如果客人有什么不满之处,一般都会去投诉。前厅服务人员应掌握一些处理投诉的原则和方法并按服务礼仪要求灵活运用。其中,礼貌是安抚客人、合理处理投诉的基础。具体应做到以下几点。

- 以礼相待。
- 注意倾听。
- 详细询问。

7. 商务中心的服务

位于酒店前厅的商务中心是为了满足客人商务工作的需求而提供的一种现代化办公设施。商务中心的服务人员除应遵守服务礼仪的一般规定外,在礼貌服务上还要做到如下几点。

- 注重个人仪表。
- 工作热情主动。
- 办事认真,讲究效率。

8. 电梯服务

当电梯停靠在酒店的楼层迎候宾客时,前厅部的电梯服务员应站在门外一侧,双脚并拢,双手握指于腹前,面带笑容,随时注意是否有客人来搭乘电梯。看见客人来临,电梯服务员应先进入电梯,对着电梯门口侧身站立,一手按住电梯门,另一只手示意,并说:"您好,请进!"客人进入电梯后,电梯服务员应询问:"请问到几楼?"准备关电梯时,如果发现有赶来搭乘电梯的宾客,应耐心等候。关电梯时,应注意客人安全,并在客人完全进入并站稳后再关门、启动。

运行中，每一层都要预先报告，以免客人误下。电梯到达停靠楼层时，要举手示意，电梯停稳后才能开门。当电梯满载但仍有宾客等候时，电梯服务员应礼貌致歉："对不起，已经满员了，请（您）稍候。"完成一次运送后，电梯服务员应迅速返回接待客人，并说："对不起，让您久等了，请进！"客人离开电梯时，电梯服务员应微笑道别"请慢走"，并点头示意，目送客人。

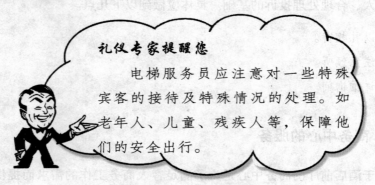

礼仪专家提醒您

电梯服务员应注意对一些特殊宾客的接待及特殊情况的处理。如老年人、儿童、残疾人等，保障他们的安全出行。

9. 行李服务

行李服务包括客人来到宾馆时的行李服务和客人离开宾馆时的行李服务。对酒店前厅的行李服务员的具体要求如下。

（1）客人抵达时

行李服务员主动向客人表示欢迎，请客人一起清点行李件数并检查行李有无破损，然后引领客人至总台。

客人办理入住登记手续时，行李服务员应背手站在总台一侧（离前台约4米以外的地方），眼睛注视接待员，待客人办妥手续后，行李服务员应主动上前从接待员手中接过房间钥匙，帮客人拎行李，并引领至房间，途中行李服务员要热情主动地问候客人，向客人介绍酒店服务项目和设施。

（2）客人离开时

客人携行李离开宾馆，应主动提供服务。

第6章 酒店服务礼仪

当接到电话通知去客房为离开酒店的客人拎行李时,行李服务员应问清房号,迅速赶到客人房间。进房前要先按门铃再敲门,帮助客人清点行李后再离开房间。

到大厅后要先到收银处确认客人是否已结账,如客人未结账,应有礼貌地告诉客人收银处的位置,并提醒客人交回房间钥匙。送客人离开宾馆时,行李服务员应再次请客人清点行李后,才将行李装上车,向客人道别,祝客人旅途愉快。

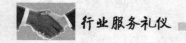

三、客房服务

酒店的客房服务承担了宾客大部分的日常生活服务，是酒店服务的主要内容。客房服务员与宾客直接接触，其一举一动、只言片语，都会在宾客心目中产生深刻印象。因此，客房服务人员应文明待客，掌握客房服务中的礼貌、礼节，按照礼仪规范为宾客提供热情周到的服务。

1. 员工素质要求

参与酒店客房服务的人员，主要是酒店的楼层接待员和客房服务员。酒店客房员工的良好素质是搞好客房服务礼仪的前提，其素质主要要求如下：

客房员工素质要求

△ 为人诚实，品质好
△ 责任心强，善于合作
△ 细致认真，工作效率高

（1）为人诚实，品质好

酒店客房服务员在岗时，应自觉按照酒店有关规定，不打私人电话、不与同伴闲谈，不可翻阅客人的书报、信件、文件等材料，不可借整理房间之名随意乱翻客人使用的抽屉、衣橱，或出于好奇心试穿客人的衣物、鞋帽等，不可在客人的房间看电视、听广播，不可用客房的卫生间洗澡，不可拿取客人的食物品尝等。这些都是客房服务工作的基本常识，也是客

第6章 酒店服务礼仪

房部工作中铁的纪律,客房部员工应该以高度的自觉性来执行。

(2) 责任心强,善于合作

酒店客房部员工要有踏踏实实和吃苦耐劳的精神,在面对每天要做的大量琐碎的工作时,要有良好的心理素质,不盲目攀比,以高度的责任感从事自己的工作。

目前,不少酒店按照其自己的服务礼仪规范,要求清扫客房时应两人同行、结伴互助。这就需要客房部员工具有以我为主、善与同事合作的能力,以各自的努力,营造一个和睦相处、分工明确、配合默契、心境愉快的小范围内部工作场景,提高效率,以利本职工作的顺利完成。

(3) 细致认真,工作效率高

酒店客房部服务工作的任务相对来说内容较为繁杂,体力消耗较大,客人要求标准较高,因此,反应敏捷,有充沛的精力和较强的动手能力是十分重要的。

客人对客房的要求是舒适、整洁、安全,保持房间和卫生间的卫生,是客人对客房最基本的要求,因此,客房部员工应时时搞好客房的清洁卫生,使之符合国家有关标准。

客房部员工应具备吃苦耐劳和敬业乐业精神,保证高标准实施服务态度、服务技巧、服务方式、服务工作效率等,从而保证客人的满意和酒店的正常运转。

2. 客房迎送

迎送客人是酒店客房部服务人员的日常工作,一定要注意礼节礼仪,让客人有宾至如归之感。具体应做到如下几点。

(1) 迎宾

在客人到达之前,客房服务人员应了解客情,布置房间,检查设备用品,调节客房温度。

当客人走出电梯间时,客房服务人员应立即迎上前去,并致欢迎词,请客人出示房卡，双手接过房卡，仔细核对房号和住宿天数，确认后双手还给客人并道谢。进入房间后，客房服务人员应规范地为客人送茶递巾，并简短介绍房内设施，尽量少用手势。当客人没有吩咐的事情后，客房服务人员先倒退一二步，再转身，走到门前，转身面向客人示意，轻轻把门关上。

（2）接待贵宾

客房服务人员应了解贵宾和陪同人员的姓名、抵离酒店时间、房号、习俗特点、宗教信仰和特殊要求，通知有关部门备齐各种物品及礼品，按接待规格和要求布置房间。

接待贵宾时，客房服务人员应提前10分钟打开房门，有关人员在酒店大堂门口和楼层电梯厅迎候贵宾，并陪同进房，在房间内向客人献茶并致欢迎辞。

（3）送宾

掌握客人离开宾馆的确切时间和所乘交通工具的车次、航班。仔细检查最后代办事宜，抓紧办妥。检查账单，如洗衣、饮料单、长话费用等，清理好后迅速转总台，以免耽误和错漏。同时，还要主动询问客人行前有何需求，并提醒客人检查自己的物品，不要遗留在房间。

客人启程离开楼面时，客房服务人员应主动为其提送行李，送至电梯口，并叫电梯，礼貌告别，目送离去。应主动搀扶老、弱、病、残者，送至大门口或汽车上。

3. 日常服务

（1）日常服务规范

客房服务人员有事要进入客房时，一定要先敲门并予以通报，这是酒店的规定，也是客房服务员必须养成的良好习惯。严禁接连不断地在门上敲打，要有节奏地轻敲，每次一般为三下。轻敲一下后如没有人答应，稍等片刻再缓敲两下。待客人同意后方可慢慢开门进入，并用温柔的语调对

第6章 酒店服务礼仪

客人说:"对不起,打扰您了。"需进入宾客房间与宾客说明事情时,应简明扼要,不能拖延逗留时间。事毕,马上离开并轻轻把门关上。

(2)安全服务

客房服务人员应随时注意往来和进出客房的人员。尽量记住客人的姓名、特征等。对不熟悉的住客,一定要其出示出入证才能为其开门,一定要与登记住宿者的姓名、性别、特征相符。

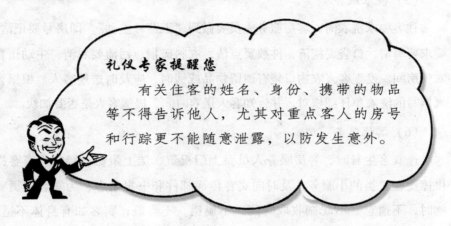

礼仪专家提醒您

有关住客的姓名、身份、携带的物品等不得告诉他人,尤其对重点客人的房号和行踪更不能随意泄露,以防发生意外。

未经客人同意,客房服务人员不得将访客引入客房内;客人不在或没有亲自打招呼、留下亲笔书面指示的情况下,即使是客人的亲属、朋友或熟人,也不能让其拿走客人的行李和物品;对出现在楼层的陌生人,必须走近询问,必要时打电话给保安部处理。

客人外出时,客房服务人员要跟房,检查房内设施是否完好并工作正常,检查房内物品是否齐全,留意有无火灾隐患或其他不安全因素。对客人进出情况及跟房情况进行详细记录。

当班期间,客房服务人员要随身携带钥匙,保管好客房钥匙。

(3)会客服务

宾客接待来访者,客房服务人员要及时根据宾客的要求,备足茶水。当来访时间超过酒店规定时,应提醒来访者并让其离开住客房间。访客走时,应热情相送,并注意来访者是否在没有主人的陪同下带走贵重物品。

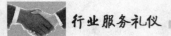

来访者离开楼层时应在来访登记本上写明离开时间,当班台班员签名。

(4) 叫醒服务

客人提出叫醒要求时,客房服务人员一定要记录客人姓名、房号、叫醒时间,并切记实施。如要求叫醒的时间在下一班,则交班时一定要特别强调,以免耽误客人的安排。

(5) 洗衣服务

住客要求洗衣时,客房服务人员要做到"五清一主动"。即房号要记清,要求要写清,口袋要掏清,件数要点清,衣料破损、污渍要看清,主动送客衣到房间。发现客人衣物口袋有遗留物品或钱时,应及时送还客人。根据客人填写的洗衣单仔细核对,并告知客人送衣时间,提醒客人是否要加快。

(6) 其他服务

逢宾客生日时,客房服务人员要上门祝贺、送上蛋糕;经常为宾客提供擦皮鞋之类的小服务;及时向宾客传递邮件和书报杂志;为宾客洗烫衣物时,不遗忘,不耽搁收取时间,不搞错,不弄脏;宾客如有身体不适,要主动询问病情,提醒客人是否需要诊治。要尽量满足宾客提出的一切正当要求,最好能在宾客想到之前付诸行动。

(7) 妥善安顿酗酒宾客

遇到酗酒的宾客,客房服务人员通常应尽量将醉酒客人安置回客房休息,但要注意房内动静,及时采取措施,避免客房物品受到破坏。

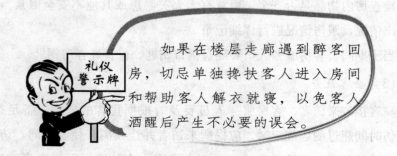

如果在楼层走廊遇到醉客回房,切忌单独搀扶客人进入房间和帮助客人解衣就寝,以免客人酒醒后产生不必要的误会。

第6章　酒店服务礼仪

（8）做好防火工作

客房服务人员查房时，要注意客人使用的电器有无拔出插座、电源开关是否关闭等，对饮酒过量的客人要特别注意。劝说客人不要将易燃物品带入客房，酒店可代为妥善保管。认真检查设施运转状况，发现问题，及时报告或处理。小火灾要自己扑救，大火灾要及时报警。发生火灾时，要沉着冷静，一方面扑救，一方面通知楼房客人，并组织带领客人从消防通道离开。

4. 清洁服务

客房清洁服务是酒店提供给住客的基本服务。客房的舒适、美观、清洁，需要通过客房的整理和清扫来实现，而客房服务人员承担了这一重任。

（1）清洁卫生的标准和要求

客房清洁卫生，要做到"六无"、"六洁"、"两消毒"、"一干净"。

"六无"，是指无六害、无积尘、无异味、无蛛网、无污渍、无卫生死角。

"六洁"，是指室内环境清洁，床上用品清洁，家具设备清洁，卫生间清洁，工作间、储物室、行李室清洁，客房服务人员工作服清洁。

"两消毒"，是指茶具饮具消毒、卫生间洁具消毒。

"一干净"，是指员工注意个人卫生，保持干净。

（2）住房的整理

客房服务人员进房打扫卫生，通常应在客人外出后进行。但为礼貌起见，开门前必须轻轻敲门。倘若客人在房间，进入房间后应说明来意，征得客人同意后方能搞卫生。若开门后发现客人正在卫生间或正在睡觉，或正在穿衣服，则应立即道声"对不起"，马上退出房间，轻轻将门关上，过些时候再来打扫卫生。打扫房间卫生时，要一直开着房门。

当房门上挂着"切勿打扰"的牌子时,尽量不要敲门,更不得擅自闯入。

如正值清扫、整理房间的时间或有客人交代需尽快办理的事项,可通过电话方式向客人征询意见。

在客房内工作,将客人的文件、杂志、书报稍加整理打扫后,应放回原处,不得弄错位置,更不得擅自翻动宾客的物品,也不得向客人索取任何物品。

房间清理完离开时,应环视一周,确认完好后离开。若客人不在,要切断电源锁好门;若客人在房,要礼貌地向客人道歉:"对不起,打扰了。"然后退出房间,轻轻关上房门。

四、康乐服务

> 现代化的宾馆、饭店，大都功能齐全，除了前厅服务、客房服务、餐厅服务外，还包括酒吧服务、美容美发服务、娱乐服务、体育与健身服务等综合性的全方位服务项目和设施。康乐服务人员应当按照服务礼仪的规范要求，努力做好自己的本职工作。

1. 酒吧服务

酒吧是宾客休息娱乐的场所，可供客人喝酒、休闲、交际。由于客人到此的目的之一是放松自己，消除紧张和疲劳感，又因供应含酒精的饮品，客人若饮酒过量，会失态。这就要求酒吧服务人员在服务时要耐心细致，讲究礼貌礼仪，灵活处理可能发生的各种情况。

酒吧服务的要求：

酒吧服务的要求
△ 丰富业务知识，提供正确服务
△ 以礼相待，文明周到
△ 注重个人形象，妥善处理意外

（1）丰富业务知识，提供正确服务

酒吧服务人员应对各种不同种类的酒有一定的认识，了解其不同的特性。酒吧中酒类很多，其中中国名酒（主要指白酒而言）与洋酒（外国酒）各有千秋，有一些显而易见的差异：

● 中国名酒大多数是以谷物、玉米等粮食作物为主要原料。而洋酒大都是以葡萄为代表的水果作为原料制成，以粮食为原料的酒如威士忌等所占比例很小。

● 存放容器不同。中国白酒使用的是瓷制容器，密不透风，自始至终酒精度数不变。洋酒一般用木桶为容器，木桶有透气功能，酒精可挥发，酒精度数会由贮存时的高度变为低度。

● 中国白酒的酒精度数一般都在50度以上（近年来开发推出了一批低度白酒），算是高度酒。洋酒一般酒精度数较低，尤其是葡萄酒，一般在12度左右。而被称为烈性酒的白兰地、威士忌也不过在40度左右。

● 饮酒习惯或者说是饮酒方式有很大差异。中国人有饭前饮酒的传统，并一直持续到饭后。外国人喝洋酒则是有一番讲究，以品为主，注重享受。

在了解不同酒的特性的基础上，服务员还应掌握各自的饮用方法及服务方法，如哪类酒应冷饮，哪些适合室温饮用，不同酒类使用的酒具及试酒、配酒时的特制方法等，娴熟的服务知识和技能是礼貌服务的基础。

（2）以礼相待，文明周到

同餐厅服务一样，宾客进门时，服务人员要以礼相待，笑脸相迎，亲切问候，并引领到令其满意的座位上去。

留意宾客的细小要求，如"不要兑水"、"多加些冰块"等，一定要尊重宾客的意见，按照宾客的要求去做。

宾客叫酒后应尽快送到，不要因拖延了上酒时间而影响客人的饮酒情绪。开瓶时，用工作巾把酒樽缠着，先把酒的招纸显示给来客中的主人看，"请您用某某酒"，然后切除掉顶锡纸并抹净，用开酒刀的螺旋锥转入樽塞，将樽塞慢慢拧开，将酒塞交给主人（水松塞湿润表示酒的贮藏良好，水松塞印有烙印表示入瓶在原产地），再用洁净的工作巾将樽口抹干净。开瓶后将少许酒倒入男主人的酒杯内，等待主人试酒。如果认为满

第6章 酒店服务礼仪

意,在主人示意后就可以为客人倒酒。先由主人身边的女士开始,顺时针方向,然后是男士,最后是主人。每杯酒只要倒酒杯的2/3即可。

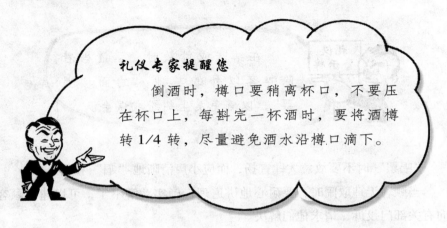

礼仪专家提醒您

倒酒时,樽口要稍离杯口,不要压在杯口上,每斟完一杯酒时,要将酒樽转1/4转,尽量避免酒水沿樽口滴下。

开香槟酒时尤其要细致。开香槟酒之前,千万不可大力摇动酒瓶,以免增加香槟瓶内的气体压力而发生意外。

(3) 注重个人形象,妥善处理意外

在服务中,服务员要注意站立的姿势和位置,不要将胳膊支撑在吧台上,也不要同事之间相互聊天或读书看报等。不得在宾客面前使用为宾客准备的酒具、茶杯等。不得在岗时饮食。

宾客在酒吧中,有的是要挑选幽静的环境洽谈生意,也有的是情侣约会。服务员不得侧耳细听宾客谈话,应尽量回避,尤其不要在宾客窃窃私语时随便插话。

接听电话时要注意礼貌,态度要和缓,语调要适中。呼唤宾客来接电话时,不要在远处高声叫喊,应尽量避免惊扰其他宾客。可根据发话人提供的特征有目的地寻找并告知宾客。

如果个别宾客用"喂"、"哎"等欠缺礼貌的语言招呼服务员时,不能发火或不理睬客人。如果是正在忙碌中,可以回答:"请稍等片刻,我马上就来。"不要因此而乘机表现出冷淡。酒吧服务人员应以自己礼貌周全的言行为宾客提供良好的服务,并且以实际行动影响宾客。

对醉酒失态的客人要妥善处理,处理方法与餐厅服务的要求相似。要掌握客人的心理,不要大事张扬。

在结账或付款时,尽量当着除醉客以外的其他人的面"唱票",以避免发生纠纷或误会。

"唱票"时不要故意大肆宣扬,而应小声清晰地"唱"和收。

当顾客无理取闹时,要耐心地讲道理;确实劝解不了,可以建议顾客向有关部门投诉,请求他们解决。

2. 美容美发服务

顾客进店后,美容美发服务人员要主动介绍服务项目,展示有关图册,在顾客选择美容项目的时候,服务人员要为顾客当好参谋。对美容知识比较缺欠的顾客,更要耐心地、较全面地讲解,帮助顾客选择适合自己职业、身份、性格、情趣和自身条件的美容项目。

美容、美发师在操作过程中,要认真细致,并不时问一下顾客,"我的手重不重?"、"水热不热?"、"是这样吗?"学会同顾客谈话交流非常重要,它不仅会使操作过程变得轻松、愉快,而且可以拉近同顾客之间的距离;如果顾客提出不满意时,应当根据不同情况恰当处理。属于自己不当时,要向顾客道歉,并立即设法补救;不属于自己的问题,要礼貌、耐心、平静地向顾客解释,不要和顾客发生争执。

服务结束后,要再次询问顾客是否满意,有无要完善的地方。如果遇到顾客有不满意之处,服务人员应当抱着对顾客负责的态度,认真听取顾客意见,并及时解决。确实不能解决的,要耐心地解释清楚。顾客如仍不满意,要请经理出面解决。如属本店的失误,要首先向顾客道歉,然后采取措施,弥补顾客的损失。

第6章 酒店服务礼仪

如果顾客对美容、美发效果满意，表示感谢，服务人员要礼貌地说一声："不客气"、"让您满意是我的责任"、"谢谢您的合作"、"欢迎再来"、"希望下次再为您服务"等。

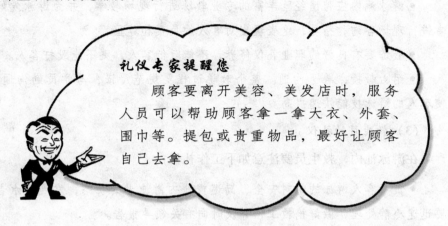

礼仪专家提醒您

顾客要离开美容、美发店时，服务人员可以帮助顾客拿一拿大衣、外套、围巾等。提包或贵重物品，最好让顾客自己去拿。

顾客离开时，要随身后相送，并用"欢迎再来"、"再见"等礼貌用语表示告别，用目光送至远处。

3. 游泳池服务

（1）服务人员的礼仪

游泳池服务礼仪如下：

● 住店客人进入游泳池一般凭房间钥匙或酒店发的证件免费游泳，游泳池服务人员带领客人到更衣室更衣。客人的衣服要用衣架托好，挂在衣柜里，鞋袜放在柜下，贵重物品请客人自己保管好，需要加锁的要为客人锁好，钥匙由客人自己保管。

● 发给客人三巾，即浴巾、长巾、方巾。方便客人游泳和游泳后洗澡用。

● 若客人未带游泳衣裤来，则卖给客人游泳衣裤，服务一定要周到细致。

● 客人离开泳池时，要注意提醒客人带齐自己的东西。

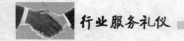

(2) 专职教练的礼仪

游泳池专职教练要做到如下礼仪：

- 游泳池内应聘请经验丰富的专业教练进行现场教学，并为游泳爱好者进行现场咨询和指导，这表现出对客人的负责和尊重。
- 教练要有良好的职业礼仪修养，不能贬低客人，更不能殴打客人。
- 耐心教授，善于沟通。整个教学过程要规范严谨，与学员勤沟通，使客人的游泳技能快速提高。

(3) 救生员的礼仪

在游泳池内，救生员要注意如下工作礼仪：

- 负责客人游泳的绝对安全、勤巡视池内游泳者的动态，发现溺水者要迅速冷静处理，做好抢救工作并及时向有关领导报告。
- 认真做好每天的清场工作。
- 负责游泳池水质的测验和保养及游泳场地的环境卫生。
- 上班集中精神，不得与无关人员闲谈，救生台不得空岗，无关人员不得进入池面。
- 由于游泳池深浅不一，来的有大人、小孩，有会游泳的和不会游泳的，所以一定要注意所有客人，要勤在泳池边观察。注意游泳者的动向，防止发生意外，保证客人的安全。对不会游泳者可作技术指导。
- 定时检查更衣室，杜绝隐患。
- 如遇雷雨天气，要迅速安排客人上岸，确保客人安全。

How to talk?
How to do?

第7章

餐饮服务礼仪

　　餐饮服务,通常是由餐饮服务人员通过手工劳动来完成的。特别是餐厅服务人员,每天需要直接与宾客接触,其服务态度、业务水平、操作技能等都直观地反映在宾客面前,其举手投足、只言片语都有可能让宾客产生深刻的印象。宾客在餐厅时希望享受到主动、耐心、周到的服务,在生理上、心理上得到满足,餐饮服务人员的礼貌十分重要。

How to offer service?

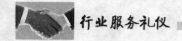

一、服务的基本要求

> 餐饮服务，是餐饮服务员为就餐顾客提供食品饮料等一系列行为的总和。餐饮服务人员必须全面了解和运用餐饮服务礼仪，使宾客在品尝美味佳肴的同时享受富有人情味的和主动、热情、周到、耐心的服务，达到消费需求的最大满足。

1. 员工的素质要求

作为一名合格的餐饮服务人员，应具有正确的服务意识、良好的仪表仪容、熟练的专业知识、丰富的工作经验，以及主动、热情地接待客人的能力。

餐饮服务人员的素质要求如下：

（1）具有敬业乐业的精神

餐饮服务人员的职业道德与其他职业的道德规范在本质上是一样的，并且应有相应的规范化要求。餐饮部通常是由采购、厨房、餐厅、宴会厅和管事五部分组成，工种繁多，机构庞大复杂，人员众多。各部门员工要热爱自己所从事的专业，在实践中逐步培养对专业的浓厚兴趣，这样，才能在本职工作岗位上端正工作态度，潜心钻研服务技能技巧。在各自的本职工作中，出色地做好自己的工作，为客人留下良好的印象。

（2）树立遵守纪律的观念

餐饮服务由于组织机构庞大、工序长、人员多、工作繁忙，要求餐饮服务人员必须牢固树立自觉的纪律观念，认真贯彻执行饭店、部门的各种规章制度，这是统一协调做好工作的前提和保证，不可自行其是，使整个

第7章 餐饮服务礼仪

餐饮服务工作因某个环节出现差错而致全局混乱。

（3）塑造良好的职业形象

由于工作环境和性质的需要，餐饮服务人员应该注意自己的形象，注重仪表仪容，这是礼貌服务的重要内容之一。餐饮服务人员应按规定着装（工作服），服装要整齐、清洁，佩戴工牌标志上岗。

（4）拥有专业知识和技能

中国烹饪经历代的经验积累，产生了一些风格不同的菜系，它们是中国烹饪技术的精华，是中国烹饪水平的代表。作为一名合格的餐饮部服务人员，对主要菜系应该有一个基本的了解，这对于更好地向宾客提供包括礼貌服务在内的尽善尽美的服务，无疑是大有益处的。

餐饮服务的每一道工序、每一个环节，都有特定的要求和操作标准，许多工作目前还只能靠手工熟练程度和技能技巧的适时运用进行，如托盘、摆台、上菜、分菜等。

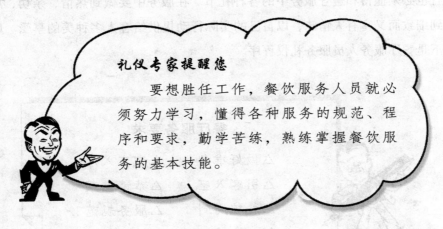

礼仪专家提醒您

要想胜任工作，餐饮服务人员就必须努力学习，懂得各种服务的规范、程序和要求，勤学苦练，熟练掌握餐饮服务的基本技能。

（5）讲究各种服务礼节

餐饮服务中的礼节依约定俗成的习惯和各种通行惯例是有很多讲究的。无论是问候、迎送还是操作等环节，无不有礼仪礼节贯穿于中。餐饮服务人员要学习和掌握各种服务礼节，做到自觉礼貌待客，这对于改进和提高服务质量无疑有着积极的意义。要做到这些，餐饮服务人员应做到：

眼勤、嘴勤、手勤、腿勤。

(6) 掌握常规的语言运用技巧

在餐饮服务工作中，服务人员对客人的热情欢迎、礼貌接待、主动服务、周到照顾等许多方面都要通过语言来表达。作为餐饮服务人员，要讲究语言艺术，掌握文明语言运用技巧，语言要力求准确、恰当，说话要语意完整，合乎语法，要依据场合，多用敬语，要注意语言、表情等行为的一致性。服务人员应在尽量讲普通话的基础上，再学习和运用一至两门外语，以利工作的开展。

2. 餐厅的服务要求

餐厅是宾客用膳的主要场所，是饭店的重要服务部门。餐厅各工种岗位上的服务人员，不仅应较为全面地了解和掌握餐厅服务的业务技能，而且也必须懂得和遵守服务中的各种礼节。在服务中要做到热情、亲切、周到细致而又富有人情味，以自己的实际行动提供给客人多种美的享受。以下是餐厅服务人员服务礼仪程序。

餐厅服务要求

△ 做好准备　　△ 迎宾入厅

△ 引客入座　　△ 恭请点菜

△ 礼貌周到　　△ 服务规范

(1) 做好准备

餐厅服务人员一到岗位后，即应适时调整自己的状态，尽快进入角色。为使餐厅按时进入优质服务状态，要通力合作把餐厅的地面、椅子、桌子、布件、餐具等认真予以清洁和布置整理，使之达到清洁、美观、整

第7章 餐饮服务礼仪

齐、完备无缺的标准，然后整理个人卫生。此外，要注意在岗时不准抽烟，按有关规定梳理头发，工作服要合体，无破损油污。

（2）迎宾入厅

餐厅营业前 20 分钟左右时，领台员要就位，站立于餐厅门口的两侧或餐厅内便于环顾四周的位置。宾客进入餐厅，领台员要主动上前并热情问候欢迎。

当宾客进入餐厅时，值台员应自然站立，挺胸直腰，见宾客走近时应面带微笑，向客人微微点头示意，并致以问候。问候时应注视客人的鼻眼三角区，上半身微向前倾。不要一面问候一面忙活手里的事情或东张西望，这样看起来好像很忙，但却容易给客人一种无可奈何被迫招呼的感觉。

（3）引客入座

引座时，应对宾客招呼"请跟我来"，同时伴之以手势。手势要求规范适度，在给客人指引大致方向时，应将手臂自然弯曲，手指并拢，手掌心向上，以肘关节为轴，指向目标，动作幅度不要过大过猛，同时眼睛要引导宾客向目标望去。切忌用一个手指指指点点，那样会显得很不庄重。

到达宾客的桌位时，领台员要主动请宾客入座。如有多位客人就餐，应首先照顾年长者或女宾入座。

待宾客入座后，应为宾客斟茶递香巾。一般来说，凡没有叫饮料的客人都应给其上茶。分发香巾时要放在小碟内，用夹钳递给宾客。为引起宾客的注意，可礼貌地轻声招呼客人"请"。

（4）恭请点菜

餐厅值台员要随时注意宾客要菜单的示意，适时地递上菜单。递送的菜单应干净无污损。递送菜单时要注意态度恭敬。不可将菜单往桌上一扔或是随便塞给客人，不待客人问话，即一走了之，这是很不礼貌的举动。

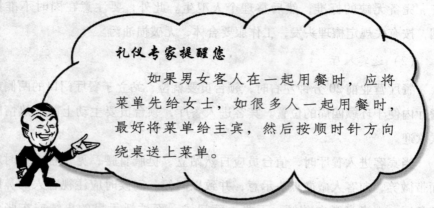

礼仪专家提醒您

如果男女客人在一起用餐时,应将菜单先给女士,如很多人一起用餐时,最好将菜单给主宾,然后按顺时针方向绕桌送上菜单。

客人考虑点菜时,值台员不要催促,等待宾客点菜时,服务人员精力要集中,随时准备记录。这样,既不失礼貌,又可以体现出餐厅想客人之所想、满足客人特殊要求的良好服务特色来。

(5) 礼貌周到

餐厅服务要讲究效率,节约客人用餐时间,一般来说,客人点菜以后10分钟内凉菜要摆上台,热菜不超过20分钟。

传菜时要使用托盘取菜,要做到菜点的拼摆图案不因经历送菜这个过程而受到破坏,并注意将托盘内凉菜和热菜分开摆放。在取热菜时要将盘盖盖好,做到热菜热上,凉菜凉上。

斟酒时应先给主宾,再给主人斟酒,然后按顺时针方向依次绕台敬酒。

对不习惯用筷子的外宾,服务人员应走过来及时为其换上刀、叉、匙等西餐具。

宾客有吸烟之意时,应及时主动上前帮忙点火,并将烟灰缸及时递到客人执烟手一边的台上。

如果宾客不慎将餐具掉落到地上,服务人员应迅速上前取走,马上为其更换干净的餐具。

当着客人的面,服务人员彼此之间说话要自然大方,使用客人能听懂的语言,切忌当着客人的面去说悄悄话。

第7章 餐饮服务礼仪

(6) 服务规范

服务人员在餐厅服务时,应做到"三轻",即走路轻、说话轻、操作轻。取菜时要做到:端平走稳,汤汁不洒,走菜及时,不拖不压。从餐厅到厨房要力求做到忙而不乱,靠右行走,不冲、不跑,不在同事中挤来穿去,走菜时要保持身体平衡,注意观察周围的情况,保证菜点和汤汁不洒、不滴。

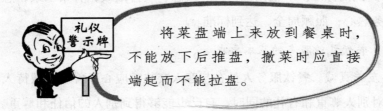

将菜盘端上来放到餐桌时,不能放下后推盘,撤菜时应直接端起而不能拉盘。

餐厅操作要按规程要求,斟酒水在客人的右侧,上菜从客人的左侧,分菜从客人的左侧,而餐中撤盘则从客人的右侧。

上菜时要选择操作位置,上菜的位置要在副陪座位之间,一般不要在主宾和主人之间。

上菜前,在菜盘中放一副大号的叉、匙,服务员双手将菜放在餐桌的中央,同时报上菜名,必要时简要介绍所上菜肴的特色掌故、食用方法、风味特点等,然后请宾客品尝。

服务人员每上一道新菜,须将前一道菜移至副主人一侧,将新菜放在主宾、主人面前,以示尊重。上菜和撤菜前,要事先打招呼,征询宾客的意见,待宾客允许后方可操作,以免失礼。撤菜的位置与上菜的位置相同。掌握正确的上菜和撤菜方法,能为宾主之间创造良好而和谐的气氛,不至于中断或影响进餐的正常进行。

3. 礼貌服务的要领

(1) 餐饮礼貌服务的主要标准

主动、热情、耐心、周到,是礼貌服务的主要标准。

① 主动的标准。不分客主，一样照顾；不论闲忙，待客不误；不嫌麻烦，方便顾客；不怕困难，优质服务。

② 热情的标准。待客礼貌，面容微笑；态度和蔼，不急不躁；言语亲切，积极关照；工作热心，照料周到。

③ 耐心的标准。面色和善，态度安详；客多人杂，安排不乱；百问不烦，百答不厌；遇事不急，处理果断。

④ 周到的标准。一视同仁，待客诚恳；安排细致，有条不紊；想在前面，服务热心；照顾周全，达到标准。

(2) 餐饮礼貌服务的基本要求

① 友善真诚。餐饮服务人员在与客人交往时应心存善意以诚待人。这样，在对别人尊重和有礼的同时，自己也能够得到别人的信任和尊重。

② 把握分寸。热情的人在与人交往中通常具有较高的亲和力，使人愿意接近。这是服务人员应该具有的品格。但是，有时过度的、不恰当的热情也会使客人不自在或感到不真诚。

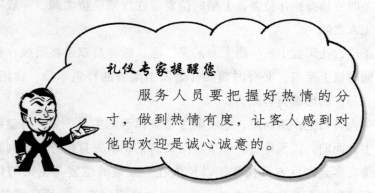

礼仪专家提醒您

服务人员要把握好热情的分寸，做到热情有度，让客人感到对他的欢迎是诚心诚意的。

③ 谦虚随和。就是要虚心，不自以为是，不以自我为中心。能够顺应客人的意见，具有亲和力，使客人感到容易接近。

④ 理解宽容。能够站在客人的角度考虑问题，体谅客人的难处，当顾客有过失时，要宽宏大量，原谅顾客。

⑤ 互尊互助。在任何场合，尊重都是相互的。我们应从自身做起，在

尊重客人的同时，也会得到客人的尊重。互帮就是要互相帮助，无论客人还是同事，遇到了困难，都应尽力帮助他们。要有助人为乐的精神，努力创造"我为人人，人人为我"的良好气氛。

⑥讲究卫生。讲卫生，是营造良好的交际环境的重要内容，是社会文明的传统美德和风尚。

4. 客人的饮食禁忌

由于个人成长经历、地域文化、信仰的不同，各个民族、教派都有自己的生活餐饮的禁忌。这些禁忌有民族禁忌、宗教禁忌、职业禁忌、个人禁忌，餐饮服务人员都要有所了解。在接待国际友人，特别是一些重要的客人、VIP在酒店下榻的时候，餐饮服务人员更有必要了解一下客人在餐饮方面的特殊禁忌。

就餐饮而言，很多人有自己的饮食习惯，比如，国人爱喝开水，而绝大多数外国客人则要喝冰水，他们没有喝开水的习惯。这就要求服务人员根据情况分别对待。

这里特别要讲一讲宗教禁忌和民族禁忌，比如接待阿拉伯人、东南亚的穆斯林，也就是信奉伊斯兰教的客人，就要尊重他的宗教信仰，这也是一个非常基本的礼节。

譬如，穆斯林不吃猪肉这一条多数人都是知道的，但是下面的这两条未必人人皆知：其一，穆斯林不吃动物的血液。一般而论，穆斯林吃的肉食是鸡、鸭、牛、羊、驼，但是不吃动物的血液。而我国有些地方是爱吃血液制品的，比如东北人吃血肠、南方有些省区吃毛血旺。这些在穆斯林眼里属于肮脏之物，他们是不吃的。与此相关，穆斯林不吃自死之物，他们吃的牛羊鸡鸭一定要活宰，自己死的牛羊鸡鸭他们是绝对拒绝吃的。

其二，穆斯林是不饮酒的。一名严格的穆斯林是不饮酒的，而且拒绝喝所有含有酒精的饮料。我国南方有些省区，有种用糯米发酵做成的小吃叫醪糟，天冷的话，醪糟炖鸡蛋是老少皆宜的一种食物，据说能舒筋活血、帮助消化。这样的东西虽然酒精含量极低，穆斯林也是不吃的。

行业服务礼仪

此外，做餐厅服务、做酒店服务，还要了解民族饮食禁忌。比如在我们国家，有些民族喜欢吃狗肉，像朝鲜族；汉族对狗肉一般都是不拒绝的；而有的民族像满族、蒙古族、藏族、回族，还包括云南的纳西族、普米族等一些民族，他们是禁食狗肉的。

中国人喜欢吃所谓的山珍海味，而其中有些东西在西方人看来都是匪夷所思的事情，比如墨鱼、鲈鱼、海参、海蜇，在我们看来这都是海味里的上品，但是俄罗斯人从不吃海参。

与此同时，餐饮服务人员还要了解客人的个人饮食禁忌。所以在酒店、餐厅里面工作，了解客人的禁忌并且有意识地加以回避是必要的。

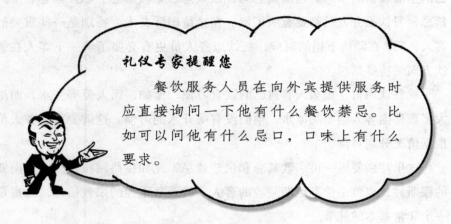

礼仪专家提醒您

餐饮服务人员在向外宾提供服务时应直接询问一下他有什么餐饮禁忌。比如可以问他有什么忌口，口味上有什么要求。

倘若接待的客人是VIP、是要客，我们不便直接去询问，则可以通过相关工作机构或者对方的陪同人员间接向对方询问。这一点如果做好了，将使我们为客人提供的酒店服务和餐饮服务更上一层楼。

第7章 餐饮服务礼仪

二、中餐的宴会服务

> 所谓宴会,是国际和国内的政府机关、社会团体、企事业单位或个人为了表示欢迎、答谢、祝贺、喜庆等社交目的举行的一种隆重的、正式的和礼仪性的餐饮活动,随着社会的发展,宴会在饭店经营中占有越来越重要的地位,有些高档饭店将宴会部设置成独立的部门,以加强促销与管理。

1. 筹备宴会

中餐宴会,是宴饮活动时食用的中餐成套菜点及其台面交际的统称,中餐宴会较为突出地展示了中国特有的民俗和社交礼仪。当接待外宾时,作为东道主,作为筹办者,要在场景、台面、席谱、程序、礼仪、安全等方面考虑周全,并通过服务人员的协助妥善完成任务。筹备中餐宴会,具体要做好以下几个方面:

筹备宴会

△时间安排　　△地点安排

△发出通知　　△事先关照邻居

△设置衣帽间

(1) 时间安排

宴饮活动的时间安排,应首先争取第一主宾的意见,商定后尽早通知其他客人，通常在宴会的前两星期或再提前些。切记不要当天请客时再去通知客人，这样会使参加的人感觉不舒服，是一种不敬之举。还有一些择时习惯是：如果宴请的人中有外宾，宴会日期最好不要定在周末或假日；中国人宴请活动的时间喜欢选在有"六"的日子，代表着"六六大顺"之意，而忌讳带"四"的日子……

(2) 地点安排

这是筹备宴会必须要考虑的问题。在自己的寓所招待朋友，要考虑所能容纳的客人总数，不能使客人们彼此感到局促或拥挤，也不可让客人处在过于嘈杂和通风不畅的地方。可安排一个举办宴会的主厅，然后将与主厅相邻的房间利用起来，给客人们一个离席走动和透透空气的空间。

(3) 发出通知

常见的两种发宴请通知的方式是：正式的宴会（国宴、婚宴、寿宴、庆典宴等）要专门印发请帖，表明宴会的正式性；便餐式酒会可通过电话通知或者主人亲自向所请的人们当面发出邀请。无论是哪一种形式，必须提前发出通知，让客人有一个安排其他事宜或准备赴宴的时间，同时以示主人对客人的真诚邀请之礼。

(4) 事先关照邻居

如果是家宴，难免会引起一些喧闹，所以若住所是公寓，在筹备宴席前要事先关照邻居，这一点尤为重要。此外，举办宴会时还可主动邀请邻人参加。只要主人认为合适，邻居也乐于参加，邻居可作为第二主人的身份出现在席上，此举对增进邻里友好关系颇有益处。

(5) 设置衣帽间

若在餐饮场合举办宴会，客人的衣帽物品均应由服务人员进行合理存放。而在家庭里举办宴会时，主人应注意设置专门的衣帽间，将男女宾客的衣帽分别安排。一般男子的物品存放在大厅内，妇女的物品则可存放在卧室。

第7章 餐饮服务礼仪

2. 餐桌安排

在中餐礼仪中,餐桌和席位的安排是一项十分重要的内容。它关系到来宾的身份以及主人给予对方的礼遇,所以受到宾主双方的同等重视。因此,主人在安排宴请时,一定要注意安排桌面、席位的礼仪要求,服务人员应协同主人妥善安排,并就不当之处提出自己的建议,供主人参考。

(1) 场地和桌次的桌距

应根据宴会类型、宴会厅场地的大小、用餐人数的多少及主办者的爱好等因素,来决定宴会场地的摆设规则。

① 摆放圆桌。因方便宾客之间的交谈,圆桌常被应用。只有非常正式或用餐人数超过50位的餐会才会使用长方形桌。在选定了桌子类型后,需决定如何安排主桌的位置。原则上,主桌应摆在所有客人最容易看到的地方。桌位多时,还要考虑桌与桌之间的距离,一般桌距最少为140厘米,而最佳桌距是183厘米。桌距应以客人行动自如和服务人员方便服务为原则,桌距太大会造成客人之间彼此疏远的感觉。

② 采用长方桌。应据客人人数合理排列桌椅。一般来说,宾客人数少于36位时可采用直线形;超过36位常采用"U"字形或"口"字形;超过60位时则采用"E"字形。无论何种排列方式,都要注意把主桌的位置摆得恰到好处。主桌不宜离其他客人太疏远,避免给人以高高在上之感,恰到好处的主桌位置,有助于宴会气氛的融洽。

礼仪专家提醒您

无论是圆桌还是长桌,每位宾客之间的宽度至少要相距60厘米。

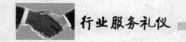

（2）桌面的布置

布置出一张极富浪漫情调的餐桌桌面，品味到一流的菜点，再加上主人热情好客的出色表现，如此才是一幅完美而绝妙的宴会图。其中，巧妙地布置餐桌尤为重要，这里来谈谈餐桌的布置。

① 餐桌的款式。餐桌款式最好是流行的，如果用陈旧的桌子，且桌面上有刮痕或者碰痕时，一定要用桌布遮盖，千万不可用席面上的餐具来进行遮盖。桌布可以是买的桌巾，也可以选些便宜但好看的布料自己动手制作，但注意它的尺寸要大。如果选用的是新购的流行款式餐桌，那么仅在桌面铺一张精美的衬垫即可，当然也可不铺。

② 桌面的色调。同样是布置桌面，主人精心的布置会使桌面情调优美。要根据宴请客人的喜好，在色彩搭配上迎合客人的心理。一般情况下，餐桌以橘红色为主调。桌布的式样和配色可尽情发挥，以令人舒适、开心、耳目一新为准则。

③ 桌上的用具。要让客人感到贴心的服务和家的温馨，桌面上绝不可用纸盘、纸盒和塑胶杯等方便餐具，否则会使宴会降低档次。尽心为客人规划的主人绝不是这样的。他会用漂亮的玻璃杯盛酒，用精美的瓷盘盛菜，即使是普通家宴，讲究的主人也决不会因家中器皿不够而随意凑合。他会向邻居和朋友们借，使整个餐桌因此格外生辉。餐桌用具用不着整套整组地去购买，各式菜盘和点心盘可以是不同款式和样式的。

3. 安排位次

（1）一般规范

在进行宴请时，每张餐桌上的具体位次也有主次尊卑之别。排列位次的基本方法有四条，它们往往会同时发挥作用。

主人大都应当面对正门而坐，并在主桌就座。

举行多桌宴请时，各桌之上均应有一位主桌主人的代表在座，亦称各桌主人。其位置一般应与主桌主人同向，有时也可以面向主桌主人。

第7章 餐饮服务礼仪

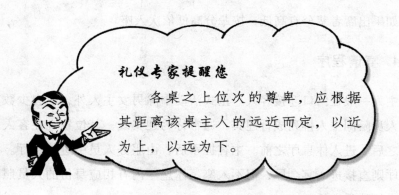

礼仪专家提醒您

各桌之上位次的尊卑,应根据其距离该桌主人的远近而定,以近为上,以远为下。

各桌之上距离该桌主人相同的位次,讲究以右为尊。

此外,每张餐桌上所安排的用餐人数应限于10人之内,并宜为双数。人数如果过多,不仅不容易照顾,而且也可能坐不下。

(2) 具体情况

根据上述四条位次的排列方法,圆桌上位次的具体排列又可分为两种具体情况。它们的共同特点,是均与主位,即主人所坐之处有关。

其一,每桌一个主位的排列方法。其特点,即每桌只有一名主人,主宾在其右首就座,每桌只有一个谈话中心。

其二,每桌两个主位的排列方法。其特点是,主人夫妇就座于同一桌,以男主人为第一主人,以女主人为第二主人,主宾和主宾夫人分别在男女主人右侧就座,每桌从而客观上形成了两个谈话中心。

为了便于来宾正确无误地在自己所属的位次上就座,除服务人员及主人要及时地加以引导指示外,应在每位来宾所属座次正前方的桌面上,事先放置以醒目字迹书写着其个人姓名的座位卡。举行涉外宴请时,座位卡应以中、英文两种文字书写。我国的惯例是,中文写在上面,英文写在下面。必要时,座位卡的两面均应书写用餐者的姓名。

(3) 民间规定

民间通常还须遵照下列规定:如果出席者都是平辈,则年长者在前,年幼者在后。宾主人数超过两桌时,主人坐第一席首座,以便把盏。

如果出席者辈分有高低，按辈分高低依次入座。

4. 宴请程序

主人一般在门口迎接客人。正式活动中除男女主人外，还有少数其他主要人员陪同主人排列成行迎宾，通常称为迎宾线，其位置宜在客人进门存衣之后、进入休息厅之前。主客握手后，由服务人员引进休息厅。如无休息厅则直接进入宴会厅，但不入座。休息厅内有相应身份的人员照料客人，由招待员送饮料。

主宾到达后，由主人陪同进入休息厅与其他客人见面。如其他客人尚未到齐，由其他人员代表主人在门口迎接。

主人陪同主宾进入宴会厅，全体客人就座，宴会即开始。如休息厅较小，或宴会规模大，也可以请主桌以外的客人先入座，贵宾席最后入座。

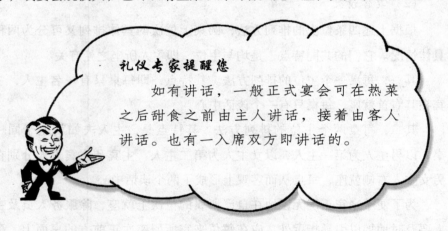

礼仪专家提醒您

如有讲话，一般正式宴会可在热菜之后甜食之前由主人讲话，接着由客人讲话。也有一入席双方即讲话的。

5. 餐具准备

根据宴请人数和酒、菜数，服务人员要准备足够的餐具。餐桌上的一切用品都要十分清洁卫生。桌布、餐巾都应浆洗洁白熨平。玻璃杯、酒杯、筷子、刀叉、碗碟，在宴会之前都应洗净擦亮。如果是宴会，应该准备每道菜撤换用的菜盘。

中餐用筷子、盘、碗、匙、小碟、酱油碟等。水杯放在菜盘上方，右上方放酒杯，酒杯数目和种类应与所上酒品种相同。餐巾叠成花插在水杯中，或平放在菜盘上。宴请外国宾客时，除筷子外，还应摆上刀叉。酱油、醋、辣油等作料，通常一桌数份。公筷、公勺应备有筷座、勺座，其中一套摆在主人面前。餐桌上应备有烟灰缸、牙签筒。

6. 上菜顺序

中餐通常先上冷盘，再上热菜、汤，最后上点心和水果。即便桌次再多，各桌也要同时上菜。上菜从女主宾开始。如果没有女主宾则从男主宾开始。上菜一般从主宾的左侧上，饮料从右边上。新上的菜要先放在主宾面前，并介绍名称。如果上全鸡、全鱼菜时，应将其头部对准主宾或主人。宴请将开始时，服务人员要为所有的来宾斟酒。

7. 斟酒服务

（1）斟酒要求

中餐酒席宴会一般选用三种酒：其一，乙醇含量较高的烈性酒，如茅台、西凤、五粮液、汾酒及各种大曲酒。其二，乙醇含量较低的果酒，如中国红葡萄酒、干白葡萄酒等。其三，啤酒。除了选用以上酒水外，还可以选蜜酒或黄酒及各种果汁、矿泉水。

斟酒前，服务人员一定要请客人自己选酒，客人选定的酒品在开封前一定请客人确认，确认无误后方可开封斟用。

（2）斟酒规则

中餐饮酒的杯具可一次性地同时摆放于餐台上，摆放的位置自始至终不变。常规的斟酒掌握在宴会开始前5分钟左右进行，先斟果酒，再斟白酒，以便宾主入席即可举杯祝酒。待宾客落座后，服务人员可根据宾客的不同需要，再斟啤酒或其他饮料。

行业服务礼仪

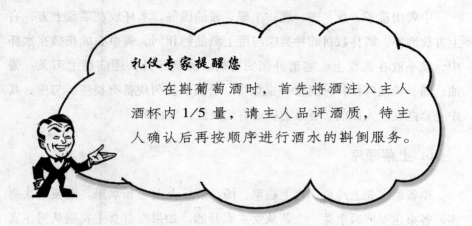

礼仪专家提醒您

在斟葡萄酒时,首先将酒注入主人酒杯内1/5量,请主人品评酒质,待主人确认后再按顺序进行酒水的斟倒服务。

进餐当中每斟一种新酒时,则将上道酒挪后一位(即将上道酒杯调位到外档右侧),便于宾客举杯取用。如果有政府官员(男士)参加,则应先斟男主宾位,后斟女主宾位。一般宴会斟酒服务,则是先斟女主宾位,后斟男主宾位,再斟主人位。对其他宾客,则按座位顺时针方向依次斟酒。

(3) 斟酒的特殊要求与服务

中餐饮用的酒水,如白酒类(烈性酒、黄酒),由于客人的口味不同,在饮用方法上也有不同的要求。有些客人喜欢饮用加温的白酒或黄酒,服务人员就应提供特殊的服务,即用准备好的温酒器具,按加温白酒或黄酒的方法和适宜温度予以加温,以满足客人的特殊需求。

三、西餐的宴会服务

> 西餐礼仪的规定要比中餐礼仪更为严格，它强调餐具的使用及使用顺序、菜品上桌及食用顺序、酒水饮用种类以及酒水与菜品的搭配等。在基本的礼仪规范与中餐礼仪大抵相同的前提下，西餐还有一些特殊的礼仪。

1. 座次安排

在座次安排上，服务人员遵守如下礼仪：

- "女士优先"。这是一个普遍礼仪规则，这一点在宴会座次排列中表现得很突出。餐桌上的主位一般以女贵宾为先就座。而且，西方国家习惯以女主人为主。
- 男女交叉。在西餐的餐桌上，男士与女士要穿插落座。西方人认为，这种排列方式有利于结识更多的朋友，也有利于男士更好地关照女士。
- 以右为尊。这是座次排列中的基本规则。右边的座位要高于左边的座位，西方通常将男主宾、女主宾安排在女主人、男主人的右侧。

西餐的餐桌大多为长桌和椭圆形桌，对长桌的座位排列通常有两种方式。

- 男女主人在长桌中间面对而坐，餐桌的两端一般可以不坐人，也可以坐人。
- 男女主人分坐于长桌两端。

2. 餐具摆放

西餐具的摆设与中餐不同。西餐具有刀、叉、匙、盘、杯等。刀分食用刀、鱼刀、肉刀（刀口有锯齿，用以切牛排、猪排）、奶油刀、水果刀；叉分食用叉、鱼叉、龙虾叉；匙有汤匙、茶匙等；杯的种类更多，茶杯、咖啡杯均为瓷器，并配小碟，水杯、酒杯多为玻璃制品，不同的酒使用的酒杯规格亦不相同。宴会上有几道酒，就配几种酒杯。公用刀叉一般大于食用刀叉。

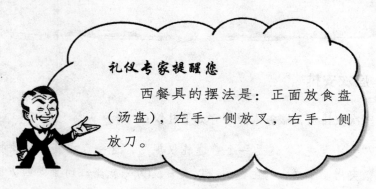

礼仪专家提醒您

西餐具的摆法是：正面放食盘（汤盘），左手一侧放叉，右手一侧放刀。

服务人员应在食盘上方放匙（汤匙及甜食匙），再上方放酒杯，右起分别为烈酒杯或开胃酒杯、葡萄酒杯、香槟酒杯、啤酒杯（水杯）。餐巾插在水杯内或摆在食盘上。面包奶油盘在左上方。吃正餐，刀叉数目应与菜的道数相等，按上菜顺序由外至里排列，刀口向内。用餐时应按此顺序取用。撤盘时，一并撤去使用过的刀叉。

3. 上菜程序

西餐上菜服务与中餐有相同点，也有不同之处，尤其在上菜具体操作手法上各有其特点，这里只介绍美式、法式和俄式上菜程序上的礼仪及各自的上菜服务原则。

第7章 餐饮服务礼仪

（1）美式上菜的程序

客人坐下后习惯先喝一杯冰水，这时服务人员应在客人的右边将水杯内倒满冰水，如有不喝冰水的客人，应为他送上鸡尾酒或其他开胃酒，再为所有宾客送上面包、白脱、汤或开胃品（色拉）等，用左手从左边送上，将开胃酒杯从右边撤下，再上主菜，一般是在厨房里装盘，放在托盘内送出，同时将汤和开胃品盘从右边撤下。主菜从客人左边送上，从左边加面包和白脱，如需加咖啡，一般与主菜一起上，不过咖啡须从客人右边上，用右手把咖啡杯倒满，如果有甜点，把主菜盘撤走，再自左侧送上甜点盘，并加满饮料和咖啡。美式上菜的特点是速度快，方法简便。

（2）法式上菜的程序

服务人员将所有食品用小推车送上，因食物在厨房内只进行了初加工，成为半成品，加工为成品菜肴需在小车上完成，所以服务人员要有一定的专业技术。具体程序是：客人就座，服务人员送饮料，再将厨房中烧煮备好的菜放进餐厅的手推小车上，在客人面前完成上菜的准备工作，将未烧好的半成品烧成成品并装盘，同时调味汁也需由上菜人员在客人面前调好，把烧好的菜放入盘里后再送给客人。

面包、白脱、色拉或其他小物品装盘时，用左手从客人左边送上，其他所有食品都从客人右边用右手送上，包括饮料。

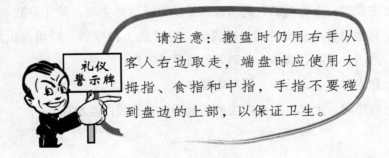

请注意：撤盘时仍用右手从客人右边取走，端盘时应使用大拇指、食指和中指，手指不要碰到盘边的上部，以保证卫生。

待所有客人吃完以后，要清除台面。主菜撤去后，将调味瓶也撤下，此时即可送上甜点。

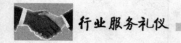

法式上菜程序使客人感到很舒适，但上菜人员需不停地工作。

（3）俄式上菜的程序

客人就座后，先上饮料，食物在厨房内已完全备好，服务人员将大盘菜从客人的左边用右手分送给客人时，按逆时针方向进行。另外，大盘内分剩的菜可重新送回厨房，再被利用，减少浪费。俄式上菜的特点是快速简洁、准备充分。

4. 斟酒服务

西餐饮用的酒品种类一般依菜肴的品种而定，即吃什么菜肴饮用什么酒，饮用什么酒配什么杯，都有严格的规定。较高级的酒席宴会，一般要用七种以上的酒，也就是说，每道菜都配饮一种酒。这一点要特别引起服务人员的注意。

西餐斟酒的顺序要以上菜的顺序为准。

上开胃菜时，应上开胃酒，配专用的开胃酒杯。

上汤时，要上雪利酒（葡萄酒类），配用雪利酒杯。

上鱼时，上酒精度较低的白葡萄酒，用白葡萄酒杯并配用冰桶。

上肉类食品时，应上红葡萄酒，用红葡萄酒杯，冬天饮这种酒，有的客人喜欢用热水烫热（宴会用酒不烫）。陈年质优的红葡萄酒往往沉淀物较多，应在斟用前将酒过滤。

上主菜时，上香槟酒，配用香槟杯。香槟酒是主酒，除主菜跟香槟酒外，上其他菜肴点心或讲话、祝酒时，也可跟上香槟酒。斟用香槟酒前，应做好冰酒、开酒、清洁、包酒等各项准备工作。

上甜点时，上餐后酒，用相应酒杯。

上咖啡时，上立口酒或白兰地，配用立口杯或白兰地杯。

How to talk?
How to do?

第 8 章

商场服务礼仪

商场服务礼仪，是指商场从业人员所应具备的基本素质和应遵守的行为规范；是商场从业人员在接待顾客、服务顾客的过程中，对自己的言行加以约束，达到尊重顾客、礼貌交易的一系列行为规范。它是文明经商、优质服务的主要内涵，也是商业竞争的一种重要手段。

How to offer service?

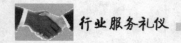

一、服务的基本要求

商场是百姓购物之场所。商场礼仪所关注的重点,就是如何更好地、更规范地为社会、为人民提供优质服务。商场礼仪的核心,就是要求商场服务人员提高服务质量,主动地为顾客提供一切可能的服务,使其在购物过程中,不仅对商场留下美好的印象,而且在心理上也获得极大的满足。

1. 树立服务意识

服务意识,与服务角色密切相关。找到自己在工作中应当充任的服务角色,势必是以树立良好的服务意识为前提的。为顾客服务,绝非不讲平等。在任何社会里,平等都是相对的。在商场里接待顾客时,如欲使之高兴而来、满意而去,全体营业员就必须树立全心全意为顾客服务的意识,扮演好服务的角色。惟其如此,才能真正做到文明经营、热情待客、诚实无欺、买卖公平。否则,营业员的心理上就可能不平衡,"谁怕谁呀"、"我也是人呀"、"我还不侍候这一份了"、"这两个钱挣不挣一个样"、"宁肯站着死,绝不跪着生"等一系列不好念头就会产生。给顾客脸色看、对顾客摔摔打打、拿顾客当出气筒等一系列主从关系中本末倒置的现象,就会屡禁不止、层出不穷。

在思想上树立起服务的意识,在工作中主动担负起服务的角色,是要求商场营业员以在工作岗位上的严于律己和在接待顾客时的热情服务来体现的。

第8章 商场服务礼仪

2. 提供热情服务

在工作岗位上，商场礼仪规定商场营业员应当全心全意地为顾客提供热情优质的服务。具体而言，商场营业员应当在热情迎客、热情待客、热情送客这三个相互关联的环节上，下一番工夫。

热情优质服务

△ 热情迎客，欢迎光临
△ 热情待客，耐心周到
△ 热情送客，有始有终

（1）热情迎客，欢迎光临

就是要求商场营业员当顾客光顾自己的"责任区"时，应当使之感受到商场营业员对他的热情欢迎，并因此产生良好印象，促使双方交易成功。

当商场营业员在自己的岗位上迎接顾客时，应当站得有模有样。开架服务的，要站得端正，目视顾客走过的方向，双手自然下垂在下腹，叠放相握，或背在身后。设有柜台的，应紧靠柜台而站，双手扶在柜台边上，并目视正前方。

不管有没有顾客光临，商场营业人员都不许坐着、趴着、靠着、倚着。这类休息时专用的动作，难以给顾客好印象。

有顾客前来，当他走到距柜台或商场营业员所负责的货架一米以内时，应当面带微笑地对他说一声"欢迎光临"。

（2）热情待客，耐心周到

就是要求商场营业员在接待顾客、服务顾客的整个过程中，应当表现

行业服务礼仪

得礼貌、热情、耐心、周到,使顾客的购物、商场营业员的售货同样舒心而愉快。

在顾客选择商品时,不要多加干扰。当需要提醒对方时,如不让对方撕开某种软饮料的包装盒,应对其使用尊称,说一声:"先生,对不起,这种包装盒是不能撕开的。您想了解的话,请去那边品尝一下样品。"切勿训斥对方:"戴眼镜的,说你呢!不买就别撕,瞎撕什么呀"。你看以上这两种说法,效果肯定大不一样。

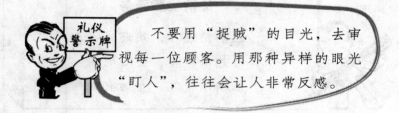

礼仪警示牌 不要用"捉贼"的目光,去审视每一位顾客。用那种异样的眼光"盯人",往往会让人非常反感。

把商品递交给顾客时,应使用双手,并轻拿轻放。万一顾客主动帮忙,应对其道谢。带"尖"的物品,如剪子、宝剑等,应当横着或将"尖"端朝向己方递给顾客,不要用其带"尖"的一端,直接地去跟顾客"针锋相对"。

在介绍商品时,应当公平交易、童叟无欺。在应顾客要求推荐商品时,要实事求是,不要以假充真、以次充好,用假冒伪劣商品欺骗顾客。缺斤短两、不找零钱的做法,也难以为自己赢得"回头客"。

在接待多位顾客时,不要以年龄、性别、服饰、相貌、地域取人。对于老人、孩子、同性别的人、衣着与相貌平淡无奇的人、来自外地或农村的人,务必要一视同仁、平等对待。遇上一时应接不暇,商场营业员仍须"笑迎天下客",并且努力做到"接一、顾二、招呼三"。即手头上接待着头一位顾客,口头上顾及着第二位顾客,神色表情上又在欢迎与招呼第三位顾客,以使待购之人不至于被冷落。有机会为刚才的待购者服务时,先应对其说一声"对不起,让您久等了",让对方消消气、去去火。

第8章　商场服务礼仪

（3）热情送客，有始有终

商场礼仪，是讲究"买卖不成情义在"的。对待挑剔的顾客，挑拣了半晌分文未花的顾客，店员依旧要不厌其烦。在对方离去时，对对方要像对满载而归的顾客一样，说一声"再见"、"您慢走"或"欢迎再来"，对于买了东西的客人更要如此，让顾客真正高兴地满载而归。

3. 创造零干扰环境

在顾客主动提出要求之前，大可不必主动上前，去推荐介绍自己的商品。例如，有些地方以邀请顾客"尝一尝"的方式来促销商品，效果就并不太好。国人讲究"将心比心"，总觉得尝过之后不买，有些对不起商场营业员，所以不少人对此的"政策"是眼不见、心不烦，干脆躲得远远的，来一个"走为上策"。顾客希望的是商场营业员听他的话，而不是相反的。

再如，有些商场营业员只要见到顾客在自己面前驻足，就立即走上前去对顾客正在端详的商品笑吟吟地夸夸其谈开了：什么如何"时兴"呀，"价格公道"呀，"过了这个村，没有这个店"呀，"它多么适合您呀"，等等，非要逼得对方就范，或是难却"盛情"，在"半推半就"之中，让顾客不太情愿地掏腰包。这种"高压"策略，切勿使用。

目前，在世界各国的商场管理与经营之中，流行着一种叫做"零干扰"的理论。它的基本宗旨是，要求商场与商场营业员都要积极致力于将顾客在购物过程之中所受到的打扰，减少到零的程度。因为只有将一切有意或无意地对顾客所形成的干扰统统排除掉，才能真正地促进商场的销售，并且使顾客逛得自在、选得自由、买得舒心，真正在购物的同时，得到精神上的享受。

商场服务礼仪中有关热情有度的规定，实质上就是"零干扰"理论在商场营业员售货服务时的具体应用。要求商场营业员在服务于顾客时，既要热情、积极、主动，又要坚持热情有度，谨防热情越位。高屋建瓴地来看，就是要主动地、有意识地将商场营业员或商场所制造的种种对顾客的这样或那样的干扰，减得越少越好。

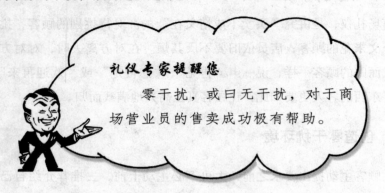

礼仪专家提醒您

零干扰，或曰无干扰，对于商场营业员的售卖成功极有帮助。

商场营业人员在应用"零干扰"理论为顾客服务时，有三点尤须注意：其一，未经要求，尽量不主动上前向顾客推销商品。其二，若无必要，不要在顾客浏览商品时长时间地在其身后随行。其三，在某一销售区域之内，导购人员数切勿多于顾客的人数。必要时，一些多余的导购人员可暂时撤离开。从销售心理学的角度来讲，以上的种种做法，都是为了让顾客在商场里自然放松，为其了解、选购商品创造出一个必要的环境。

第8章 商场服务礼仪

二、营业员的工作

> 商场是商品流通的主战场，也是人们购物的主要场所。人们对商场的要求，已经不再是只提供购物方面的便利，同时还希望得到人格尊重，体验人际关系，享受购物带来的满足。

1. 素质要求

商场营业员除了售卖货物，还要开拓市场，将优质的产品与良好的服务和广大顾客分享。优秀的营业员能够想方设法帮助顾客认识商品，引起顾客对商品的注意，并使其深信购买该商品会得到某种满足从而激发购买欲望，促成购买行动，达到促销的目的，并依靠现有客源的口碑效应，宣传商场商品和树立商场形象。

优秀的营业员应具备以下基本素质：

（1）品行端正、诚实、正直

卖场是赢得顾客好感的重要阵地，营业员应自洁自律，廉洁奉公，自觉抵制各种精神污染，自觉按照社会公共准则和职业道德要求不断地完善自我，力求表里如一，"诚于中而行于外"。

（2）正确的服务意识

营业员应通过自己的细心观察，以自己的不懈努力，在第一线为顾客提供优质服务；树立"一切以顾客为中心"的服务意识，能设身处地地站在顾客的立场为顾客着想，热情适度，耐心周到，真诚服务；对待顾客，一视同仁。

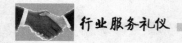

(3) 敬业乐业的精神

根据职业道德的要求，营业员对卖场的工作，诸如任务、目标、地位、范围、岗位职责等要有全面正确的认识，对本职工作要有责任心，要自觉维护商场利益。在服从指挥的前提下，营业员要有一定的灵活性和创造性。对顾客的要求要敏感、反应快，及时上报或向同事准确传达信息。遇到突发事件，要保持冷静和理智，使事件得以妥善解决。

(4) 丰富的商品知识

如何让顾客信服并购买商品是营业员时刻应注意的问题。营业员应对所销售的商品了如指掌，成为商品专家，这样才能在向顾客介绍引导中做到全面准确，获得顾客的完全信任，因为顾客喜欢从专家那里买到自己需要的东西。这就要求营业员平时要注意积累商品知识，比如商品的名称、商标、规格、产地、成分、性能、使用方法等，并注意积累经验，具备相应的技能技巧。

(5) 较强的语言表达能力

营业员大多数时间花在与顾客的沟通上，因此营业员运用语言的机会相对来说比较多。营业员在汉语表达上要能做到以普通话为标准，发音准确，音调适中，音质好，表达流畅，用词准确简洁，便于理解和进一步交流反馈。在接待顾客时，语言不能生硬呆板，不能只局限于机械式的回答，应富有幽默感。

(6) 精神饱满、举止得体

营业员因工作的需要，要练好站立服务的基本功。在工作岗位上，要注重仪容仪表，按照商场的规定着装，保证服装的整齐干净、仪态的规范与优美，整体形象要有一种清新、大方和亲切的感觉。

2. 道德规范

在服务的具体过程中，商场营业员应遵循以下几方面的道德规范：

第8章 商场服务礼仪

营业员道德规范

△ 诚信
△ 实事求是
△ 公平待客
△ 保守商业秘密

(1) 诚信

营业员最基本的优良品格是诚实可信和言行一致，它是与顾客建立长期稳定关系的基础。在当今竞争日益激烈的市场条件下，诚实守信已成为一种竞争的手段，它综合反映出商场及其员工的素质和道德水平。

营业员自觉维护商场信誉，也就在一定程度上树立了该商场的社会形象，从而给商场带来巨大的效益。

(2) 实事求是

营业员在商品销售过程中应向顾客讲实话，如实地为顾客介绍产品的优点和不足，向顾客提供真实有效并能满足其需要的商品，千方百计地为顾客排忧解难，以赢得顾客的信赖，提高商场的声誉和社会效益。

(3) 公平待客

营业员对待顾客必须公平、公道、公正，也就是说，不论男女老幼、贫富尊卑，都有充分的权利享有他们应得到的服务，任何以次充好、缺斤少两、弄虚作假、欺行霸市、欺弱怕强、欺小骗老的行为都是违反公平原则的，也是不道德的。

(4) 保守商业秘密

现代市场经济中，商场间的竞争异常激烈，信息战就是其中的重要方面之一。许多不法商家和企业为了在竞争中取胜，总是想尽方法刺探竞争对手的信息，有时不惜花费巨资购买商业信息。每一名营业员都有义务和责任保守商业秘密。

3. 语言规范

商场营业员要通过语言将自己和自己的商品推荐给顾客，说话流利、措辞准确、言语文雅、语气亲切是对营业员最起码的要求。

商场营业员的语言表达主要包括以下几个方面的内容：

（1）言辞礼貌，不使用粗俗语言和方言土语

营业员在使用服务用语时，首先要充分尊重顾客的人格和习惯，避免使用命令式口吻。对顾客语言上的失礼，不仅可能导致一次交易的失败，还会使商场形象受到损害。

粗俗的市井语言不仅会令顾客不愉快，还会让顾客对商场员工的整体素质产生怀疑，进而影响商场形象。

（2）注意语言顺序和逻辑，突出重点和要点

思维混乱、语无伦次，必将导致顾客不知所云，无所适从，所以营业员必须把握好说话的条理性、层次性，清晰、准确地向顾客表达自己的意思；同时与顾客的交谈应抓住重点，以引起顾客的注意和兴趣，不需要无谓的铺垫，不讲多余的话。

（3）不欺骗顾客，不夸大其词

营业员在向顾客传递商品信息时要客观真实，因为任何商品都不是十全十美的，商场员工在销售中的职责就是向顾客陈明商品的利弊、优劣，为顾客提供准确可靠的信息，绝不能夸大产品性能，误导顾客购买。

第8章 商场服务礼仪

（4）具体表达的方式因人而异

在经营活动中，营业员不能机械地回答问题，而应根据顾客的兴趣、爱好、知识水平、职业特点、年龄，选取相应的表达内容和表达形式，学会巧说话。这就要求营业员要努力提高自己的语言应变能力，注意培养语言表达的随机性和灵活性。

（5）措辞准确，表达灵活

在语言的措辞上，要针对不同的对象、不同的性别和年龄、不同的场合，灵活地使用不同的用语，以利于沟通和理解，避免矛盾的产生或使矛盾得到缓解。因此，表达思想感情时，商场营业员应做到口音标准、吐字清晰，说出的词句应符合规范，避免使用似是而非的语言。

应去掉过多的口头语，语句停顿要准确，思路要清晰，谈话要缓急有度，使交流过程畅通无阻。

（6）语言生动，机智幽默

生动的语言能使气氛活跃、感情融洽。在交谈中要创造出和谐的交流气氛，营业员就需要学会随机应变，凭借机智抛开或消除障碍。幽默是一种艺术，常被用于化解尴尬场面和增强语言的感染力。幽默中含有理解，幽默中产生的诙谐情趣能使人感到轻松愉快，让人们在笑意中去领悟真正的含义。

（7）举止文雅，姿态得体

在交谈过程中，谈话与举止相辅相成。一个具有良好修养和高雅气质的营业员，其优秀的内在素质会通过仪态、举止显示出来。

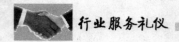
行业服务礼仪

(8) 不同场景下的礼貌用语及禁语 (见表8-1和表8-2)。

表8-1 不同场景下的礼貌用语

场 景	常用礼貌用语
迎接顾客	"欢迎"、"欢迎您的光临"、"您好"等
接受顾客的吩咐	"明白了,请您稍等"、"清楚了,请您放心"等
不能立即接待顾客	"请您稍等"、"麻烦您稍等一下"、"我马上就来"等
对待在等待中的顾客	"对不起,让您久等了"、"不好意思,让您等候多时了"等
对顾客表示感谢	"谢谢您"、"谢谢您的帮助"、"谢谢您的配合"等
打扰或给顾客带来麻烦	"对不起"、"实在对不起,打扰您了"、"给您添麻烦了"等
由于自己的失误给顾客带来不便	"对不起"、"实在抱歉"等
当顾客致歉时	"没有关系"、"没关系"、"算不了什么"等
当顾客致谢时	"请别客气"、"不用客气"、"很高兴为您服务"、"这是我应该做的"等
要打断顾客的谈话时	"对不起,我可以占用一下您的时间吗"、"对不起,耽搁您的时间了"等
没有听清顾客说什么	"对不起,我没听清,请重复一遍好吗"等
送顾客走时	"再见,欢迎您下次再来"、"再见,请走好"等

第8章 商场服务礼仪

表8－2　不同场景下的禁语

场　景	常用禁语
与顾客打招呼	"喂，你有什么事"、"你想要什么"、"这是高档服装店，别乱摸"等
顾客询问时	"你不会自己看吗"、"你买不买"、"上面有价格，你自己看吧"、"我不知道"、"不是已经告诉你了吗"、"怎么还不明白"、"你的话我听不懂"等
顾客挑选商品时	"都一样，没什么可挑的"、"你到底要不要"、"别挑了，对你不合适"、"试来试去的，你究竟买不买啊"等
接待顾客时	"你没看见我正忙着吗"、"哎，你要不要？还有别的顾客等着呢"、"拆开以后你要吗"、"想好了没有"、"喊什么，没见我正忙着吗"等
接待繁忙时	"喊什么，等一会儿"、"别乱拿"、"别弄脏了"、"急什么，一个一个来"等
顾客犹豫时	"你到底要不要"、"要买就快点"、"不买别耽误时间"、"你到底要哪一件"、"嫌贵就别买"等
缺货时	"没货"、"卖完了"、"没得买"等
顾客退货、换货时	"买的时候为什么不想清楚"、"我解决不了，你去找经理吧"、"不是我卖给你的，谁卖给你的你找谁"、"只能换，不能退"、"这是我们这里的规定"、"随便你到哪，都不可能退换"等
与顾客发生矛盾时	"这个东西就是这个质量"、"质量不好不关我的事"、"愿意上哪儿告上哪儿告去"等
下班前	"到时间了，你快点行吗"、"你快付款吧，人都快走光了"、"快下班了，你能不能快点"等

4. 服务规范

　　服务规范，是商场全体员工共同遵守的行为准则。商场营业员从着装打扮到行为举止要做到彬彬有礼、落落大方，避免各种不文明或不礼貌的习惯。

服务规范

△ 尊敬顾客　　△ 换位思考
△ 关心顾客　　△ 坦诚相待
△ 平等待客　　△ 宽容理解

(1) 尊敬顾客

不论顾客的职业、身份、性别、年龄、学识怎样，营业员都要礼貌服务，热情对待，尊重每一位顾客的意见。在销售过程中只有尊重顾客，才能得到顾客的尊重和理解。

(2) 换位思考

顾客是多种多样的，营业员的想法不一定适合每一位顾客。所以，在销售过程中要学会换位思考。只有从顾客的角度思考问题，才能理解顾客的心理和做法，预先知道顾客想要什么，从而使销售工作得心应手，为顾客所接受。

(3) 关心顾客

没有人会拒绝别人的关心，当营业员发自内心地去关心顾客、帮助顾客的时候，顾客可以从营业员的言行举止中感觉出来。当顾客被营业员打动的时候，顾客的回报要远远超过购买的商品。和顾客建立互相关心的良好关系会让销售工作永远一帆风顺。

(4) 坦诚相待

一般而论，顾客最受不了的就是欺骗。一切以不正当的手段或方法欺骗和诱导顾客的行为都是自断后路，必将失去顾客的信任。因此，营业员

第8章 商场服务礼仪

在工作中要和顾客坦诚相待,销售应做到童叟无欺。

(5) 平等待客

无论生意大小,都要一视同仁、平等待客。千万不能因为顾客购物的数量少、价值低就爱理不理,对那些购买商品金额较大、数量较多的顾客却过分地热情。面对买东西较少的顾客,如果营业员及时地拿货给他们,并始终如一地为其服务的话,他们就会从心底里认同你的服务。而且现实中没有永远的小顾客和绝对的大顾客。

(6) 宽容理解

知识再渊博的顾客,也不可能对所有商品都了解,况且每天都有新商品问世。所以,顾客对某些商品一无所知,甚至有些听起来很幼稚的提问或异议都是很正常的,这就需要营业员的耐心、宽容和理解,仔细地介绍,甚至是手把手地教。

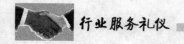

三、商场销售

> 现代商业企业无不重视销售工作，并将销售作为艺术来研究。销售礼仪在销售过程中，起着举足轻重的作用。商务人员运用商品销售礼仪是否得当，将直接影响着销售的成败。因此，掌握商品销售礼仪规范，恪守销售礼仪要求，避免销售礼仪中的禁忌，都是十分重要的。

1. 顾客接待

营业人员在接待顾客时，既要注意服务态度，更要讲究接待方法。

顾客接待过程大都会包含待机、接触、出样、展示、介绍、开票、收找、包扎、递交、送别十个基本环节。

顾客接待

△ 待机接触　　△ 拿递展示

△ 介绍推荐　　△ 成交送别

（1）待机接触

营业员在本人的工作岗位上待机接触顾客时，在指导思想上必须明确两点：一是积极主动；二是要选准时机。

在待机接触阶段，营业员应当在以下三个方面多加注意，并且严格遵守有关的礼仪规范。

第8章　商场服务礼仪

- 站立到位。营业人员理应主动站立于既可以照看本人负责的服务区域，又易于观察顾客、接近顾客的位置。
- 善于观察。营业人员通过察其意、观其身、听其言、看其行，对顾客进行准确的角色定位，以求把服务做好、做活。
- 适时招呼。要使自己真正讲好"迎客之声"，营业员通常需要注意三点：一是时机适当，二是语言适当，三是表现适当。

（2）拿递展示

营业人员在拿递物品时有三点要注意：一是准确；二是敏捷；三是安稳。

当有必要进一步向顾客讲解产品时，营业员要做到讲解主次分明、重点突出。还要解答对方提出的问题。营业员在进行展示操作时，最重要的是要让顾客全面而客观地了解商品，所以必须以务实为本，时时处处实事求是，来不得半点夸张、虚伪，更不允许骗人。

（3）介绍推荐

介绍推荐的主要方法，要么是主动地介绍商品、服务的有关知识，要么是因势利导地对顾客所提出的有关商品、服务的问题进行回答。

在对商品、服务进行介绍时，营业员一般应当着重做好以下四件事：一是要引起顾客的关注；二是要培养顾客的兴趣；三是要增强顾客的欲望；四是要与顾客达成交易。

（4）成交送别

在商品、服务的成交阶段，营业员应当在下列六个方面多加注意：

- 协助挑选。必要时，营业员要主动协助对方进行挑选。
- 补充说明。营业员有义务对对方购买的物品进行必要的、补充性的说明。
- 结账准确。在为顾客结账时，应当既严肃认真又迅速准确。
- 仔细包装。在包装过程之中，务必注意，切忌粗手大脚，乱塞乱放。

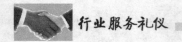
行业服务礼仪

● 帮助搬运。有些笨重、硕大的商品，营业员在力所能及的前提下，应当代为顾客进行搬运。

● 致以谢忱。营业员在适当时，应当口头上向对方直接道谢。

2. 超市售货

超市又叫自选商场。超市售货，由于不设柜台，营业员和顾客接触更为直接，距离更为接近，在服务礼仪方面也有了新的要求。

（1）姿态规范，要求严格

营业员应站立端庄，或适当地走动于货架之间。站姿、走姿以及介绍商品时的手势、动作，都应经过严格训练，比柜台售货员有更高要求。站立候客时，不能叉腰、抱肩或手插口袋，双手应自然交于腹前，或自然背于身后。不能因站立时间稍长，就倚靠货架斜立，更不能直接坐在货架或大件货物上。也不能走动频繁，使顾客误认为被监视。介绍商品时，对顾客不要指指点点、拍拍打打，引领顾客时，不要拉拉拽拽。

（2）商品摆设，方便美观

上架商品，要讲究货真价实，还要讲究摆放美观、取拿方便。货真，即要保证商品质量，如经营食品应注意其真实性和保质期，切不可以次充好。价实，是指同类商品的销售价要略低于柜台销售价。摆放美观，是指陈列在货架上的商品整齐不乱，错落有致，具有立体感，色彩搭配和谐自然。顾客弄乱的，待顾客走后，及时调整还原。方便取拿，是指商品的包装大小适中，货位高低合理，同类商品摆放集中，让顾客自取方便。

（3）信任顾客，尊重顾客

顾客在超市购物，无须通过营业员可直接拿取商品，体现出超市特点。营业员有看管商品的职责，但这要靠自己全神贯注、细心谨慎来实现，警惕和防范只宜内紧外松。发现有人企图贪小便宜，应机智妥当地提醒，如已既成偷窃事实，在重证据的前提下，轻者可按超市的管理规章处理，重者送交公安部门。绝不可自作主张，更不能捕风捉影，对顾客无端猜疑。

第8章 商场服务礼仪

礼仪警示牌：不能因极少数人的偷窃行为，就在超市广而告之"偷一罚十"、"不寄存包者，不准入内"等。

（4）清点结账，快速准确

顾客挑选好物品到出口处结账付款，营业员点货结账要准确快捷。做到逐一清点货物，迅速报价收款、开具票据，礼貌道别。

3. 售后服务

在售后服务中，尤其是在有关商品的售后服务中，送货、安装与退换往往深受广大消费者的关注，因而也是必不可少的。

具体而言，送货、安装与退换在售后服务中虽然往往相伴而行，但却各有各的具体要求，服务人员对此均应认真负责。

（1）送货

根据服务礼仪的规范，商场为顾客提供送货服务，需要在以下五个方面慎之又慎，好上加好。如果在其中某一方面出现了差错，就会对售后服务甚至整个服务过程造成损害。

送货的服务要求

△遵守承诺　△专人负责
△免收费用　△按时送达
△确保安全

① 遵守承诺。提供送货服务，通常在售中服务进行时，即明文公告，

或由服务人员口头告诉顾客。不论是明文公告还是口头相告，均应将有关的具体规定，诸如送货区域、送货时间等一并告知对方，并且必须言而有信，认真兑现自己的承诺。

② 专人负责。为顾客所提供的送货服务，大体上都应当由指定的专人进行负责。在规模较大的商场里，还往往需要组织专门的送货人员与送货车辆。即使雇请外单位人员负责代劳，也要与之签订合同，以分清彼此之间的责任，并要求对方全心全意地做好此事。

③ 免收费用。在正常情况之下，商场为顾客所提供的送货服务，是不应再额外加收任何费用的。倘若顾客对于送货提出了某些特定的要求，诸如，进行特殊包装、连夜送货上门或者异地送货等，则商场在收取必要的成本费用之前，应与顾客达成协议。这一费用一经议定，不得任意改变。

④ 按时送达。送货上门，讲究的是尽快尽早。因此，商场通常应当尽一切可能，使自己的送货服务当时进行，或者当天进行。一时难以做到的话，也要争取越快越好。对于自己已承诺的送货时间，则一定要严格遵守。若无特殊困难，必须在规定的时间内准时为顾客送货到家。

⑤ 确保安全。在送货上门的过程中，有关人员应当采取一切必要的措施，确保自己运送货物的安全。假如在送货期间货物出现问题，遵循惯例应由商场负责理赔。所以，送货到家之后，应请顾客对其开箱进行验收检查，然后正式签收。

（2）安装

安装服务的主要含义，是由商场负责为顾客上门装配、调试对方所购买的大件商品或成套商品。对于不少消费者来讲，能否由商场负责进行安装，往往是他们购买该商品的重要的先决条件之一。因为有许多大件商品或成套商品，没有专业技术的人是难以正确装配、调试的。

按照服务礼仪的具体规范，商场为顾客提供安装服务时，主要应当做好以下六点。

第8章 商场服务礼仪

安装的服务要求

△ 约期不误　　△ 免收费用
△ 烟酒不沾　　△ 符合标准
△ 当场调试　　△ 定期访查

① 约期不误。向顾客提供安装服务，务必要在双方预先约定的时限之内按时进行。切勿一拖再拖，反复延误，甚而毁约不再负责安装。如果那么做，实际上是对消费者权益的一种严重损害。

② 免收费用。按照惯例，为顾客提供安装服务，对商场而言往往是应尽的一项义务，因此它是不应收取任何费用的。有关经办人员在上门进行安装时，也不得以任何方式加收费用或者进行变相收费。

③ 烟酒不沾。安装人员上门进行服务时，应当做到两袖清风，不拿顾客的一针一线。不准私自索取财物，不准要吃要喝，尤其是不准以要挟手段来达到此类目的。

④ 符合标准。为顾客所进行的安装服务，不但要由专业技术人员负责，而且在其具体进行操作时，亦须严守国家的有关标准。不合标准而随意安装，或是在进行安装时偷工减料，都是不能允许的。

⑤ 当场调试。正式安装完毕之后，有关人员应当场进行调试，并向顾客具体说明使用的注意事项，认真答复对方为此进行的询问。当调试无误之后，应由对方正式进行签收。

⑥ 定期访查。对本单位售出的和负责安装的商品，服务单位本着对顾客负责到底的精神，应在事后定期访查，以便为顾客减少后顾之忧，并及时为其排忧解难。

（3）商品退换

在任何商场里工作的服务人员，都有可能直接面对或参与处理顾客要求对其购买的商品、服务进行退换的情况。正因为商品、服务的退换在服务行业里是一种普遍的现象,所以每一名服务人员均应对其认真对待,并且尽量满足顾客的要求。

处理已售商品、服务的退换,是售后服务的重要内容之一。处理好商品、服务的退换,既反映了商场为消费者认真负责的服务精神,又有利于获得消费者对服务单位的信任与好感,有利于本商场服务质量的进一步提高。

本着方便消费者,为国家、集体的财产负责、避免社会财富损失的精神,商场应当根据自己所处条件的不同、销售的商品或服务的不同,并且依照国家的有关规定和行业准则,制订出具体的商品、服务的退换方法,并且严格遵照执行。

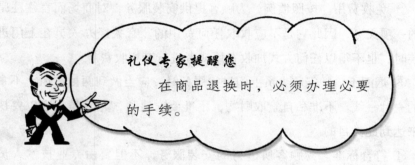

礼仪专家提醒您

在商品退换时,必须办理必要的手续。

在任何情况下,都不允许对自己售出的商品推诿赖账,更不能对要求商品退换者进行讽刺、挖苦。

应当强调的是,广大服务人员对于商品或服务的退换,必须树立起正确的认识。一方面,应当认真而负责地做好商品、服务进销过程中的各项工作,确保其在售出之时优质足量。另一方面,在对商品、服务进行宣传介绍时,一定要实事求是,以求服务对象真正购买到适合自己的商品或服务。

第8章　商场服务礼仪

四、商品导购

> 所谓导购，是指当消费者意欲购买商品、服务时，为其进行引导。在通常情况下，导购人员应当佩戴鲜明的标志，站立于服务单位大门入口处、总服务台处，或是在服务单位的营业场所内进行走动服务。现代服务单位的每一个服务人员，都有必要了解必需的导购知识和礼仪要求，并有必要掌握一些基本的导购技术。

1. 导购员的素养

从某种意义上来讲，导购员是处于特殊环境的营业员，是直接面向顾客的终端业务员，在具体的工作中通过现场恰当的举止和优质的服务，给顾客留下美好的印象，从而树立良好的品牌形象和企业形象，使顾客当场购买或在未来形成购买冲动；同时，导购员又通常负责所在卖场的终端建设与维护，并适当协调客户与商场的情感。所以，导购员在工作中应从以下五个方面给自己加以定位。

（1）形象代言人

导购员与顾客进行面对面的沟通，他们的一举一动、一言一行在顾客的眼中都代表着企业或品牌的形象，也体现出一家企业（专卖店）的服务与精神面貌，基于此，导购员必须时刻想着自己是企业（专卖店）的代表，要时时刻刻注意自己的一言一行，确保服务质量，使顾客在信赖的基础上乐于再次光顾。

（2）信息传播者

导购员对企业和品牌的发展状况要十分熟悉，对专卖店的特卖、季节性优惠等各种促销活动的内容、活动期限应了如指掌，一旦顾客询问到有关事项，要能够给予详细的解答。

（3）商品顾问

只有事先充分了解自己所销售的商品的特性、使用方法、用途、功能、价值以及每一件商品将会给顾客带来的益处，才能够适时地为顾客提供最好的建议与帮助。因此，一位优秀的导购员，不仅要在服务、业绩上有良好的表现，同时还应该是顾客的商品顾问，应站在顾客的立场上给予他们尽可能多的帮助，这就是通常所指的顾问式销售。

（4）服务大使

商店要吸引顾客，不光要靠店面豪华、陈列设备齐全、打折促销等，还要靠服务来打动顾客的心。在当今如此激烈的竞争中，竞争优势将越来越多地来自于无形服务，一系列微小的服务改善都能获得顾客的好感，从而征服顾客，压倒竞争对手，促成交易。

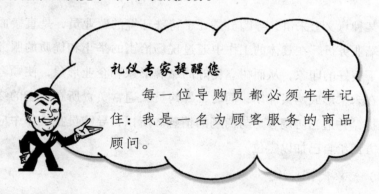

礼仪专家提醒您

每一位导购员都必须牢牢记住：我是一名为顾客服务的商品顾问。

（5）沟通桥梁

导购员是企业或品牌与消费者之间沟通的桥梁，一方面要把企业和品牌的有关情况传递给消费者，另一方面又要将消费者的意见、建议和希望等信息传达给企业，以便企业生产出更好的产品及制定更好的经营策略和服务策略。

第8章 商场服务礼仪

2. 接近顾客

商业服务工作中的导购,必须是以接近顾客为起点的。如果不能成功地接近顾客,便没有任何机会可以引导消费者的购买。

接近顾客,通常应当讲究方式,选准时机,注意礼节。如在上述这三个环节表现失当,即便在距离上接近了顾客,在心理上也难以同对方真正接近。

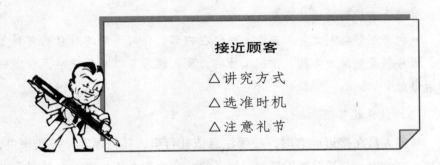

接近顾客
△ 讲究方式
△ 选准时机
△ 注意礼节

(1) 讲究方式

在服务过程中,导购有其具体方式。要想真正地接近顾客,不注意具体方式的选择,难免会事倍功半。

目前主要流行的导购有两种主要方式:主动导购和应邀导购。二者适用于不同的情况,具体作用也不尽相同。

主动导购指的是,当导购人员发现顾客需要导购时,在征得对方同意的前提下,主动上前为其进行导购服务。它往往既可以表现出对顾客的重视之意,又有助于促销。它多用于顾客较稀少之时。

应邀导购一般是指当顾客前来要求导购时,由导购人员为其提供导购服务。它多适用于顾客较多之时,具有针对性强、易于双向沟通等优点。

(2) 选准时机

在导购过程中,接近顾客的具体时机很有讲究。在进行导购推销时,假如不注意具体时机的选择，自己的主动意图便必定难以实现。

从总体上来讲，下列四种时机，皆为导购员接近顾客对其适时进行导购推销的上佳时机。

● 顾客产生兴趣之时。当顾客对某一商品或服务产生兴趣时，对其进行导购推销往往会受到对方的欢迎。

● 顾客提出要求之时。当顾客直接要求为其导购，或希望进一步了解某种商品、服务时，最佳的表现应当是：恭敬不如从命。

● 周边环境有利之时。在气氛温馨、干扰较少的环境之中进行导购推销，往往会有较高的成功概率。

● 内外形势有利之时。当服务单位在内部、外部形势均对自己有利之时，因势利导地加大导购、推销工作的力度，通常可以乘风破浪，取得较好成绩。

（3）注意礼节

导购人员在接近顾客时，必须注意依礼行事，礼待顾客。一般来讲，在接近顾客时，有关服务人员在问候、行礼、自我介绍、递上名片时，必须在礼节的运用上中规中矩。

导购人员要做到如下礼节：

① 问候得体。在接近顾客之初，务必要首先向对方道一句："您好！"必要时，还可以加上"欢迎光临"。在问候对方时，要语气亲切，面带微笑，并且目视对方。

② 行礼有方。导购人员在接近顾客时，通常应当向对方欠身施礼或者点头致意。在一般情况下，欠身施礼、点头致意宜与问候对方同时进行。行握手礼，则多见于熟人之间。

第8章 商场服务礼仪

导购人员通常不宜主动向初次相交的顾客行握手礼。只有在对方首先有所表示时，方可与对方握手为礼。

对导购人员来讲，与顾客握手时忌戴手套、忌戴墨镜，并且不准轻易以自己的左手与他人相握。

3. 影响顾客

在导购的具体过程中，导购人员与顾客之间，往往是相互发生影响的。因此，导购人员必须明确的是，要想使自己的服务工作有所进展，重要的一点是要想方设法对顾客施加一定程度的影响，而不是使自己深受对方的影响。

根据服务礼仪的有关规范，能够在导购过程中对顾客产生正面的、积极影响的，主要有五个方面的因素。对导购人员而言，可以称之为"影响顾客五要素"。

影响顾客五要素

△诚实服务　　△信誉服务

△情感服务　　△形象服务

△价值服务

（1）诚实服务

诚实服务，简言之，就是要求导购人员对顾客以诚相待，真挚恳切，正直坦率。随着现代化市场的发展，广大消费者知识、阅历正在不断地提高，对其盲目低估，加以欺骗，既非明智，亦非理智。相反，导购人员在接触顾客的过程中，如能对对方诚实无欺，则必为对方所信任和称道，使之更加放心地进行交易，乃至成为"常客"。

(2) 信誉服务

信誉服务，主要是要求导购人员在服务于人时，必须遵诺守信，说到做到，说话算数，实事求是地处世，实事求是地做人。不允许信口开河，对顾客胡乱承诺，滥开空头支票。

(3) 情感服务

情感服务，主要是要求导购人员具备健康的情感，以便使自己的服务工作更加符合顾客的心理需要。

情感服务，一方面要求导购人员必须具有正确的情感倾向性，即待人必须具有爱心。具体说来，应使自己具有同情与恻隐之心、理解与宽容之心、尊重与体谅之心、关怀与友善之心等，并且使之出于真情、发自肺腑。另一方面要求导购人员还必须具有深厚而持久的积极情感。即在工作岗位上，要将个人情感稳固而持久地控制在有利于服务方面，并不因为自己与顾客的某些变化而发生变化。

(4) 形象服务

形象服务，就是要求导购人员在面对顾客时，必须树立起良好的个人形象。在个人的仪容、仪态、服饰、谈吐和待人接物方面，既要注意自爱，又要注意敬人。在导购的具体过程之中，它往往会成为一个重要的双向沟通的基础。无论从哪方面来讲，个人形象欠佳的导购人员都是难以为顾客所接受并信赖的。

第8章 商场服务礼仪

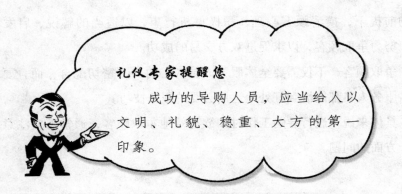

礼仪专家提醒您

成功的导购人员，应当给人以文明、礼貌、稳重、大方的第一印象。

形象服务，还要求导购人员在自己面对顾客时，应当着力维护自己所代表单位的形象。一个成功的服务单位，留给其顾客的整体形象，理当是热情待客、优质服务、管理完善、言而有信。服务单位的整体形象，在实践中往往具体体现于服务人员的所作所为之中。

（5）价值服务

价值服务，主要的要求是，在导购的具体过程之中，导购员必须使顾客了解清楚被推介的商品、服务的真实价值，使之认识到自己即将做出的购买决策物有所值。

价值服务，一方面要注重商品、服务的使用价值。从现代科学的角度来看，使用价值有物理性使用价值与心理性使用价值之分。前者指的是纯物质性的使用价值，后者则是指消费者在心理上、精神上的要求。导购人员介绍使用价值时，正确的做法应当是二者并重，并且适当地向后者加以倾斜。另一方面要注重价格。价格是价值的具体表现形式。在不少情况下，价格往往会成为导购、推销工作的一种主要障碍。导购人员除了要掌握价格情况之外，应有意识地避免过度地讨价还价，而是应以强调商品、服务的自身价值、完善的配套服务为着重点。

4. 争取顾客

服务人员在具体从事导购工作的过程之中，必须在热情有度、两厢情愿的前提下，摸清顾客心理，积极见机行事，以适当的解说、启发和劝导，努力争取顾客，以求促进双方交易的成功。

争取顾客，不仅需要全体服务人员齐心协力，密切配合，而且要求每一名服务人员都能恰到好处地运用必要的服务技巧。

具体来说，进行导购工作时如欲有效地争取顾客，通常需要注意以下三个方面的问题。

争取顾客

△ 现场反应敏捷

△ 摸清顾客心理

△ 临场反应机敏

（1）现场反应敏捷

要做到在现场反应敏捷，通常要求导购人员必须尽量做到如下"六快"：

● 眼快。主要是要求看清楚顾客的态度、表情和反应。

● 耳快。主要是要求听清楚顾客的意见、反映和谈论。

● 脑快。主要是要求对现场情况及顾客的反应做出准确而及时的判断，并且迅速做出自己必要的回应。

● 嘴快。主要是要求回答问题及时、解释说明准确，得体而流利地与顾客进行语言上的沟通。

● 手快。主要是要求在为顾客取拿、递送商品，或以手为其提供其他服务、帮助时，又快又稳。

● 脚快。主要是要求腿脚利索，办事效率高，行动速度快。既显得自己训练有素，又不会耽误顾客的时间。

第8章 商场服务礼仪

（2）摸清顾客心理

在导购推销之中，顾客的心理活动十分复杂，但绝非变化叵测。导购人员若能多了解自己所服务的顾客的心理活动，成功的把握往往便会多上一分。

如欲取得导购的成功，在摸清顾客的心理活动方面，通常必须要去做以下四件事情：

- 促使顾客加深认识。
- 促使顾客体验所长。
- 促使顾客产生联想。
- 促使顾客有所选择。

（3）临场反应机敏

临场反应机敏，要求导购人员既要具备良好的个人素质，又要善于观察、了解顾客。除此之外，在具体推介商品、服务时，也要注意机动灵活。通常，如能注意做好"四先四后"，则必定会对自己的工作有一定程度的帮助。

- 先易后难。推介商品、服务，应当首先从顾客容易理解之处着手，然后由浅入深，逐步提高其难度。
- 先简后繁。推介商品、服务，应当首先从其简单易解之处开始，然后逐渐由简而繁，渐渐地向其繁杂之处过渡。
- 先急后缓。推介商品、服务，应当首先从顾客急于了解之处开始，然后逐渐向对方并不急于了解但又十分重要的方面挺进。
- 先特殊后一般。推介商品、服务，应当首先从其独特之处开始，然后再介绍其较为一般之处。

How to talk?
How to do?

第 9 章

银行服务礼仪

提供良好的服务，是银行业永恒的主题。在银行业高度同质化的今天，唯有服务品质才能凸显一家银行的"比较优势"。在中国加入 WTO 之后，大量的外商和外资进入我国，这就要求我国银行不仅要服务于国人，而且还要服务好外宾。因此，提升服务品质必然成为银行求生存、谋发展的重要途径手段。优异的服务品质主要包括文明得体的服务礼仪、健全的服务功能、准确快捷的服务效率和优美舒适的服务环境等。

How to offer service?

行业服务礼仪

一、服务的基本要求

> 银行是人们最经常打交道的金融机构,它与人们的生活、企业的经营活动息息相关。在日趋激烈的市场竞争中,银行员工应当全面掌握银行营业礼仪,在帮助客户办理好货币业务的同时,让客户体会到耐心、温暖、真诚,让客户从内心感觉到银行就是他们最值得信赖的金融管家。

1. 完善服务设施

银行的服务设施,一般是指在银行业的各个服务网点上,根据常规,应当设置以备客户使用的各种设备和用具等。关于银行的服务设施,规范的要求是完善、整洁、便民与安全。

(1) 服务设施必须完善

银行为客户所提供的各项服务,既要注意周全,更要力臻完善。这一要求,首先应当体现于银行的服务设施方面。这方面的工作做好了,银行的良好形象才有可能真正地在社会上树立起来。

根据惯例,银行的各个营业机构在完善服务设施方面,必须认真实现以下"八有":

其一,要有行名、行徽、所名以及对外营业的时间牌;

其二,要悬挂经营金融业务的许可证以及正式的营业执照;

其三,要有标明年月日时分的时钟和办理各项业务的标示牌;

其四,要有储蓄利率牌(办理外汇业务者,也要有汇率牌)以及业务宣传牌;

第9章 银行服务礼仪

其五，所有一线工作人员都要在上岗时佩戴标明本人姓名、职务的身份胸卡；

其六，营业柜台之外要有可供客户使用的书写台和休息场地，并配有各种便民用品；

其七，要设有专供客户使用的意见簿和服务监督电话；

其八，要在营业时间之内安排流动的保安人员。

以上这"八有"，是对银行各营业机构完善服务设施的基本要求。对于这些基本要求，不但一定要做到，而且必须努力做好。

（2）服务设施必须整洁

银行各营业机构的各种服务设施必须保持整洁。具体而言，就是要使之完整无缺、干净清洁。这是银行塑造良好形象时绝对不容许有丝毫疏忽的问题。

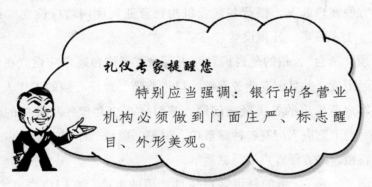

礼仪专家提醒您

特别应当强调：银行的各营业机构必须做到门面庄严、标志醒目、外形美观。

① 完整无缺。这不仅体现着银行的实力，也是为了更好地服务于客户。银行的行名、行徽的字体、色彩、图案以及排列的方式，一定要严格依照各家银行总行的统一规定制作。行名要标准，行徽要醒目，文字要正确，色彩要和谐，图案要规范。银行的名牌、营业时间牌以及经办信用卡业务牌等，按惯例均应采用长方形铜质材料或其他金属质地的材料制作，并应当排列恰当地镶嵌在营业厅大门两侧。凡有条件者，均应装有晚间使用的灯光照明设施。上述各种设施均不得出现错、乱、残、缺、坏等

现象。

② 干净清洁。各银行营业机构均应量力而行，认真做好本单位的环境美化和周边绿化。各种服务设施不但布局要合理，而且摆放要有序。营业的大厅，要有一定的高度。采光要充足，灯光要明亮，空气要流通，色调要和谐。各银行营业机构都要搞好本单位的环境卫生。要认真做到室内桌、椅、柜摆放有序，办公用具一律定位放置。墙上无积尘、无蛛网，窗上无灰垢、无污痕，地上无纸屑、无烟蒂，室内无杂物、无垃圾。不准在室内外乱贴广告、标语、通知。对此，要以经常性的检查、抽查来加以督促。

（3）服务设施必须便民利民

对于银行的全体从业人员而言，便民利民不仅是一种指导性的原则，而且更应当成为自己的实际行动。

为方便客户起见，银行各营业机构在营业大厅内均应设立"两台"、"一座"。有条件者，还须设立"一室"。

所谓"两台"，指的是咨询台与书写台。咨询台通常应设立在营业大厅入口处附近，并且配有业务熟练、口齿清晰、责任心强的工作人员，负责解答客户所提出的各类疑难问题，并引导客户办理各项有关的银行业务。书写台上则应当配有各种储蓄单、钢笔、墨水、印泥、别针以及计算器和老花镜，以方便客户填写储蓄单。

所谓"一座"，指的是供客户休息之用的坐椅。它们应当宽大舒适，并且有一定的数量。在坐椅附近，可摆放一些报刊，供客户休息、等候时阅读。

所谓"一室"，指的贵宾接待室。它俗称"大户室"，专供接待重要客户之用。

出于对客户的尊重，在各银行营业机构的营业大厅之内，应悬挂本单位的服务条约、营业纪律、行为规范、文明用语与服务忌语，以供社会监督。

第9章 银行服务礼仪

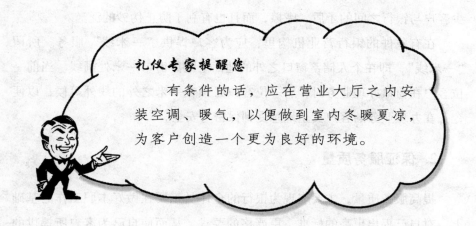

礼仪专家提醒您

有条件的话,应在营业大厅之内安装空调、暖气,以便做到室内冬暖夏凉,为客户创造一个更为良好的环境。

对于各类常设性的便民设施以及自助式的存取款设备,应定期进行全面的检查与维修,并将有关的电话号码公告于社会。不要让其有名无实,甚至给客户增添烦恼。

银行各营业机构还须建立流动服务组,以便为有业务需要的单位或个人,提供上门服务。为此,应将上门服务的电话对社会公开。

(4)银行的服务设施必须安全可靠

为了预防各类风险发生,银行各营业机构必须采用措施,做好安全防护工作,防患于未然。不仅要防盗、防抢,而且也要防火、防水、防风。

一定要落实好本单位的保卫值班制度与安全检查制度。事事要有专人负责、专人检查,处处不可轻心大意。

一定要认真建立预案制度,提前发现并堵塞各种事故的隐患与漏洞。各营业机构必须认真安装好应急报警设施,备齐、备好各种安全防护工具和防火、防水、防风器材,并且要求全体有关人员都能够做到熟练地使用。凡有条件的单位,还应当尽早安装闭路电视监控设备。

银行各营业机构的保安人员与值班人员,都要经过系统的安全教育和专业培训,以便使其能够应付各种突发性事件的发生,否则便如同虚设。

在各营业机构的营业大厅之内,可放置一台验钞器,并在适当之处悬挂辨别人民币真伪的宣传性挂图。这样做,不仅可使客户舒心、放心,减少客户与银行之间的矛盾、摩擦,而且也有利于防止伪钞的泛滥。

在有条件的银行营业机构里,应为客户提供"一米线"服务。所谓"一米线",即在个人储蓄窗口之外的地面上距离窗口一米处画线。当前一位客户在窗口办理业务时,后一位客户必须在一米之外的线外等候,以便令正在办理业务的客户真正地感受到保密与安全。

2. 保证服务质量

提高服务质量,主要表现为银行的全体员工要在做好本职工作的基础上,对自己提出更高的标准、更严格的要求,从而使自己为客户所提供的各项服务在质量方面"更上一层楼"。

就现状而论,银行的全体员工要提高服务质量,特别需要将其具体贯彻落实到如下五个方面。

(1) 提前到岗,按时营业

各银行营业机构均应严格本单位的上、下班时间和营业时间,并且确保在营业时间之内要接待每一位上门而来的客户,办理好每一笔金融业务。

银行的全体从业人员,在每个工作日里,均必须在上班时间之前到岗,并按照本单位有关的员工个人形象规范的具体要求,做好营业前的各项准备工作,营业时间一到,必须准点开门营业,分秒不差。

礼仪警示牌:未到规定的对外营业结束时间,不得提前关门拒客。不得提早关门结账,不准擅自缩短营业时间。

凡有条件的营业机构,会计、出纳、储蓄等主要业务,应实行限时服

第9章 银行服务礼仪

务。凡有此项规定者，理当张榜向社会公布，并且严格执行，接受监督。

(2) 规范操作，准确认真

在本人的工作岗位上，银行的全体员工必须严守各项有关规章制度，使自己的业务操作既规范标准，又迅速及时。

为客户提供服务时，要做到先外后内、先急后缓。要认真做到：现金收款业务，要先收款后记账；现金付出业务，要先记账后付款；转账业务，则要收妥作数。

在具体办理业务时，应当力争核算准确、快收快付。各基层机构的营业人员在办理业务时，必须做到收付核算准确、办理业务迅速、向客户交点清楚。要争取做到速度快、质量好、无差错，努力减短客户等候的时间。

办理业务时，必须按规定使用统一印制、内容标准的凭证，联次要齐全，字迹要书写得清晰工整，印章要有效、齐全、清晰，并且一定要在规定之处加盖整齐。

(3) 业务公开，社会监督

为了方便客户，更好地服务于社会，服务于人民，银行所经办的各项新老业务应当一律向社会公开，并且提倡主动地接受社会监督，以促进本单位更好地开展工作。可能时，还应努力营造内外结合、纵横制约的社会服务监督网。

在目前情况下，各银行营业机构尤其应当做到下述"三公开"：

① 将银行经办的业务种类，包括主要的服务项目对外公开。各银行营业机构应将自己所经办的各种金融业务和金融服务项目整理分类，设置简介牌，然后予以公布。

② 将业务处理的手续对外公开。各银行营业机构应将自己的主要业务，例如开户、存取款、办理信用卡、申请储蓄卡、储蓄挂失、提前支取等等业务办理的手续和规定，汇编成文字材料，提供给客户查阅使用。

③ 将金融政策纪律对外公开。各银行营业机构还需将与本单位及客户相关的、国家的各项金融政策纪律，如储蓄政策、结算原则、反假币措

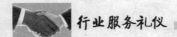

施、支票使用规定等,向客户进行公布。

(4) 执行政策,遵守法纪

银行员工在工作岗位上处理业务时,均须时时刻刻自觉地、忠实地、始终不懈地严格贯彻执行党和国家有关的金融法规、政策和方针。违反政策的话坚持不说,违反规定的业务坚决不做。不仅如此,还要努力做好相互监督与制约,要敢于同一切违反党纪、国法和金融政策的行为进行坚决的斗争。

要严守法纪,就要懂法、知法、守法。要自觉地做到有法必依,执法必严,违法必究。在工作岗位上,绝不能贪赃枉法,以身试法,目无法纪。

要执行好国家各项有关的金融方针和金融政策,就要系统而认真地学习它们,并且仔细地进行领会。要在工作中处处以国家利益为重,在思想上、行动上要自觉地与党和国家保持一致。

要严格地完善本单位的各项纪律与各项制度,教育员工严守规章制度,严守工作纪律,秉公办事,廉洁奉公,公私分明,严守秘密,拒腐防变,令行禁止。要不徇私情,不弄虚作假,不利用职权谋求个人私利,不收受客户的礼金或礼物。

(5) 行为检点,自警自励

银行员工,在工作岗位上皆应立足本职工作,顾全大局,自重自省,率先垂范。在个人的举止行为方面,特别应当多加检点,在上岗之前,一律不准饮酒。

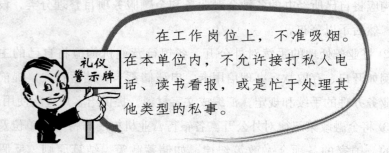

礼仪警示牌:在工作岗位上,不准吸烟。在本单位内,不允许接打私人电话、读书看报,或是忙于处理其他类型的私事。

第9章 银行服务礼仪

不准以任何借口擅离职守、串柜聊天，或是大声谈笑。在工作期间，与同事或者客户打、逗、闹、玩，也是应予严禁的。总之，一切与业务无关的事情，一切与本职工作相抵触的事情，都是不可以做的。

3. 员工素质要求

（1）自尊自爱

在工作岗位上，银行员工要对自己的仪表、服饰、举止，按照有关的岗位规范，从严加以要求。要将这些方面的具体细节问题提升到个人与银行的整体形象的高度来认真地加以对待，要将它们与自己爱岗敬业的工作态度联系在一起，予以关注。

在正常情况下，银行员工在上班时，必须自觉做到仪容清爽整洁、着装端庄得体，化妆自然大方，站、坐姿势端正，佩戴工号上岗，以实际行动做到自尊自爱。

（2）热忱服务

接待客户时，银行员工一定要文明礼貌，热忱而主动地为客户服务。与客户打交道时，要严格执行本银行已经明文规定的文明用语与服务忌语。对于客户所提出来的各种疑问，要认真聆听、耐心解释、有问必答。

为客户服务时，态度必须主动、诚恳而热情。对待所有的客户，都要一视同仁。具体而言：存款、取款要一样周到，业务大小要一样热情，定期、活期要一样接待，零钱、整钱要一样欢迎，新老客户要一样亲切，大人、小孩要一样主动，工作忙闲要一样耐心，表扬、批评要一样真诚。

（3）客户至上

在工作时，银行员工必须在思想上牢固地树立起"服务第一、客户第一"的思想，并且将其认真地落实在自己的业务实践之中，处处急客户所急，处处想客户所想，勤勤恳恳、踏踏实实地为客户服务。

接递客户手中的现金、单据、卡证时，应使用右手或双手，不允许抛掷，或不用手接递。有必要确认客户存款或取款的具体数额时，不宜高声喊喝，搞得"满城皆知"，而令客户战战兢兢。当客户前来办理某些较为琐碎而毫无利润可言的业务时，如大钞兑换小钞和兑换残钞、零币等，要有求必应，切不可推辞。当客户所取现金数额巨大时，为确保其安全，应安排专人对其加以护送。

礼仪警示牌：不论出现任何状况，都不允许议论、讽刺、刁难客户，尤其不允许辱骂客户，或者与客户动手、打架、叫骂、争吵。

（4）任劳任怨

在工作之中，难免会有时与客户产生某些矛盾纠葛。在此种情况下，对客户的尊重、对工作的负责，都要一如既往。对于矛盾，要力求妥善解决。得理之时，必须让人一步。失礼之时，必须主动致歉。受到客户的表扬要谦虚，受到客户的批评要虚心，受了委屈要容忍。在任何情况下，都要自觉做到与客户不争不吵，始终笑脸相对，保持个人风度。要注意对待批评有则改之，无则加勉，并认真总结工作中的经验教训，不断完善本单位的各项制度、措施。

万一在工作上因为个人原因出现差错，要迅速予以纠正、不推不拖、绝不赖账。对于因工作环节、设备使用等原因而产生的不可抗逆的事故，例如电脑故障、临时停电、设备维修等，要及时对客户做出耐心解释，并采取一切可能采取的补救性措施。

第9章 银行服务礼仪

二、银行的服务礼仪

> 银行的服务礼仪，主要包括营业员的仪表仪容、行为举止、服务用语和营业程序等内容。银行员工向客户提供规范化的服务，必须遵循以下原则，即：客户第一、信誉第一、效率第一、安全第一。

1. 服务的基本要求

银行服务礼仪的基本要求，主要有以下几个方面。

服务礼仪的基本要求

△仪表仪容　　△行为举止
△服务用语　　△禁忌用语

（1）仪表仪容

银行营业员在仪表仪容方面应该端庄得体、整洁大方，员工着装应统一，上班时一律穿行服，并保持整洁，不卷裤挽袖，衬衣下摆系裤（裙）内。因季节更替需要换装时，应以网点为单位统一换装。系领带（结）要不歪斜、长短适宜。着深色皮鞋，并保持光亮。发型方面：男士两侧不盖耳、后不触衣领，不留大鬓角、不蓄胡子；女士的刘海不超过眉毛，不飘散于面部，留长发的必须扎起来；男女发型都要自然大方，不染异色。

提倡淡妆，鼓励员工对自己的容貌作适当的修饰，但不浓妆艳抹。男士以"洁"为原则,女士以"雅"为原则。男女不留长指甲、不戴墨镜。女不涂猩红指甲油、口红,不使用浓烈香水,不佩戴下垂耳环、手镯等饰物,戒指最多只带一只。

(2) 行为举止

银行服务人员上岗前,应摆放好统一的工号牌。工作时应保持良好的姿态,做到精神饱满,面容和气,表情自然,略带微笑,目光亲切。站立时应挺胸收腹,双脚与肩同宽,双手自然下垂或向前交叉,不要脚打拍子,也不要身靠桌、椅、台、柱等歪斜站立。两手不要叉腰,不要插在衣裤口袋里,也不要捧茶杯或其他与业务无关的东西。

坐时不跷二郎腿,女同志穿裙子时,要特别注意双腿并拢;行走时,速度要适中,身体不要前后倾斜,也不要左右摇摆。乘电梯时,应请客户先上下,并为客户确定楼层。对迎面而来的客户应侧身礼让,同时也不要超越同向行走的客户。行走时不要哼歌曲、吹口哨。

礼仪专家提醒您

就座时,臀部应坐在椅子2/3处,双脚平放地上,小腿与大腿应成90°。

(3) 服务用语

服务是人与人的相悦、心与心的交流,沟通用语非常重要。临柜接待客户必须使用标准服务用语,语言文明礼貌,语气和蔼谦逊,体现语言美。提倡临柜服务说普通话,遇到讲本地方言的客户,可用本地话对答,使客户有亲切感。

银行员工服务时,应使用标准用语。在办理业务过程中应使用"请进;您好;请稍等;请您拿好号牌(单);请排好队;请问您办理什么业

第9章 银行服务礼仪

务;请把凭证(条)某项内容填上;请用钢笔填写凭条;请您到某某号柜台办理;请收好您的存折(单);请出示您的身份证(单位证明)好吗;谢谢合作;请对号;请输入密码;请您点好;请签名;请问提款金额多少;请您到某某号柜台等候取款;这是您的单据请签收;请收好您的回单;请把号牌(单)交回;请多提意见;谢谢;您慢走,欢迎再来;再见"等。

客户在办理业务中出现失误时应使用:"您的款项有误,请重新点一下好吗;你的票据(凭条)上某项内容与规定要求不符,请予更换好吗;请您重新填写好吗"等。

遇到突发性通讯线路(电脑)故障时,应使用:"对不起,通讯线路(电脑)出现故障,请稍等;让您久等了;对不起,让您跑了几趟"等。

(4) 禁忌用语

为了提高银行业的服务质量,树立银行业的良好形象,银行员工必须坚决杜绝服务忌语。

在服务过程中忌用"还没上班呢,急什么,出去等吧;存不存(取不取)?要存(取)快点,要死(期)要活(期);怎么刚存(取)了就要取(存),找麻烦,以后想好了再来取(存);太乱了,理好了再来交;急什么,我又没闲着,我不是一个一个在办吗;没看见我一直在忙着,后面等着去;唉,你过来一下;喊你呢,怎么没听见;怎么搞的?总是填不好单据,重新填"等。

客户询问或有疑问时忌用"不知道;我不会(懂);不是已经告诉你了吗;怎么还不明白;墙上贴着呢,你不会看吗;有完没完;真烦人;你自己写错了凭条,怨谁;我这里忙,到别的柜台去问;我这里不兑换零钱;没见上面牌子吗,去那边办;不是在我这里办的,自己去找"等。

遇到突发性通讯线路(电脑)发生故障时忌用:"通讯线路(电脑)坏了;不能办理业务了,明天再来办吧;我有什么办法,又不是我让它坏的;我怎么知道什么时候修好"等。

遇到客户有意见时忌用"你怎么不讲理,有意见找领导去;我态度就是这样,你还想对我怎么样"等。

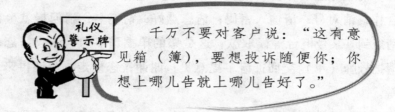

千万不要对客户说:"这有意见箱(簿),要想投诉随便你;你想上哪儿告就上哪儿告好了。"

2. 营业人员的服务礼仪

(1) 储蓄人员的服务礼仪

① 质量要求。银行储蓄人员服务礼仪的质量要求为:严格制度、严格操作、规范管理、强化监督、减少差错、提高礼仪服务质量,杜绝违章操作、弄虚作假、隐瞒差错、以长补短、白条抵库,确保账单、账折、账款、账实、账据、账表完全相符。会计差错率应控制在万分之一以内,现金差错率应控制在百万分之四以内。具体要求如下:

• 坚持双人临柜、钱账分管、章证分管、账要复核、全权复点(柜员制所按柜员制所管理办法执行)。

• 坚持当时记账、核对账号、账折相符,当天结账,轧对平衡。账户余额要每日核对,总分一致。

• 公章、私章、柜员操作卡要妥善保管,章在人在,离柜收起。

• 存款坚持先收款后记账,取款坚持先记账后付款。

• 办理业务坚持先外后内,尽量减少客户等待时间。

• 错账坚持先内后外,内部查清后,再向客户答复。

• 长短款要查明原因,按规定及时列账上报。

• 账务要做到日清月结,保证总分相符、账款相符、账折相符、账实相符、账据相符、账表相符。

• 有价单证视同现金管理,空白重要凭证必须专人管理。严格领发、

第9章 银行服务礼仪

登记、交接、保管手续。

● 办理代理业务要视同储蓄专业业务一样高度重视，严格制度，严格操作，严格管理，减少差错，提高礼仪服务质量。

② 效率要求。在办理存款、取款、查询、挂失、异地托收以及与储蓄业务相关的期货业务时，储蓄人员要严格执行有关储蓄业务的政策法规，严格操作规程，严格规章制度，建立限时礼仪服务、超时赔偿工作制度。具体规定由分支行根据手工、微机、柜员储蓄制储蓄所的不同条件而定，做到无实际资金损失、活期占比逐年提高、在同行业中领先。

（2）会计人员的服务礼仪

① 质量要求。会计人员服务礼仪的质量要求是：严格制度、严格操作、强化监督、规范管理、减少差错、提高礼仪服务质量，保证国家和客户账款安全。具体要求如下：

● 各营业机构会计主管要在柜台外值班，接待客户咨询，指导客户办理业务，督促会计人员进行规范礼仪服务。

● 接柜员受理业务时，要认真审查凭证的真实性、完整性，杜绝无效凭证、有缺陷凭证进入核算流程。

● 对客户交存的密押、钢印有误的凭证要主动进行查询，对不规范的凭证可请客户重新填制。

● 记账员要认真审查凭证的账号、户名是否一致，杜绝记账串户。

● 凡对外签发的票据、单证必须保证礼仪服务质量，防止因错、漏、不清而影响资金按时进账。

● 严格遵守对外营业时间，凡在营业时间内受理的凭证必须及时处理，不得以任何理由延压至次日。

● 网内交换业务必须在规定时间内办理，特殊情况应与委托行联系后办理。

● 办理业务坚持"先外后内，先急后缓"的原则。

● 客户对我们工作提出问题、要求时，必须认真研究、及时答复，尽力帮助解决，不得随意推诿敷衍。

② 效率要求。在办理结算业务，提取现金，查询账户、余额以及客户询问与会计业务相关的其他业务时，会计人员要做到严格遵守有关金融法规，确保会计业务准确无误。

（3）出纳人员的服务礼仪

① 质量要求。出纳人员礼仪服务的质量要求是：强化监督、规范管理、严格制度、减少差错、提高礼仪服务质量。

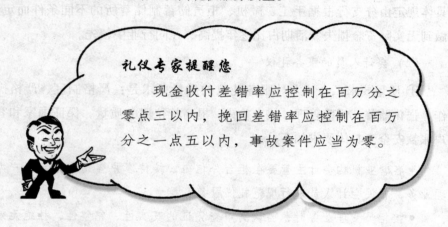

礼仪专家提醒您

现金收付差错率应控制在百万分之零点三以内，挽回差错率应控制在百万分之一点五以内，事故案件应当为零。

具体要求如下：

- 必须遵守岗位操作规范，认真执行交接制度，履行交接登记、签章手续，不得违章办理业务。
- 收款整点必须达到"五好"标准，未经卡捆、签章的款项不准入库，未经复核的款项不准随意支付或上解，不准白条抵库。
- 对内、对外收付款必须坚持一笔一清，上班、下班三碰库一结账，账平款对，款项进库方可离岗。
- 坚决遵守金库管理规定，严守金库密码并严格钥匙管理。
- 各种账簿设置齐全、记载准确、整齐干净、保管妥善。各种报表统计真实、及时、完整，不弄虚作假。内部管理资料规范统一。
- 各种机具建账登记，维护及时，完好率要保持在95%以上。
- 坚持各级查库制度，不准以任何理由漏查和代查，保证账平款对。

第9章 银行服务礼仪

● 熟悉人民币和外币特征，熟悉反假币知识和兑换残币标准，正确处理假币业务和残币兑换业务，既要保证国家资金的安全，又要保护客户的正当权益。

② 效率要求。按照安全、准确、高效的总体要求，根据当地现金流通的规律特点、票面大小比例、币质新旧残损程度等，结合银行员工的先进技术素质、机具化程度等情况，参考总行三级以上技术能手标准，制定切实可行、高效率的限时礼仪服务规范。在保证点数准确、判明真假、符合操作程序的前提下，规定办理每笔业务的限制时间，并向客户公开，接受客户监督，超过限时，进行相应的处罚。对长期达不到限时礼仪服务最低标准者，应现岗培训或调离岗位，以保证服务效率。

(4) 信贷人员的服务礼仪

① 质量要求。信贷人员必须遵守国家金融政策法规，严格制度，严格操作，规范管理，减少风险，提高服务质量。具体要求是：

● 熟悉金融政策、法规、制度，了解银行资金运行情况，贯彻执行信贷政策、原则，依法办理贷款抵押、担保、收贷。

● 坚持"先外后内、先急后缓、先一线后二线"的原则，不推诿，不扯皮，当日事当日完。

● 各项贷款要符合国家产品、产业政策，优化信贷结构，提高信贷资产质量，支持企业发展，体现流动性、安全性、效益性。固定资产贷款必须严格执行国家投资计划。

● 各项贷款要严格按照程序和权限审批。贷款调查人员要做好贷款调查评估，发现问题及时上报。贷款审查人员要认真审查贷款风险度，避免决策失误。贷款检查人员要加强对贷款的监督和管理。

● 督促和监督贷款企业有效地使用信贷资金，采取有效措施帮助企业改善经营、提高效益。

● 对亏损企业要加强调查研究，耐心细致地做好工作，制订相应的办法和措施，帮助企业扭亏为盈。

● 贷款企业资料要齐全，手续要完备，抵押担保要合法有效。

● 贷款台设置齐全，报表数字要清晰准确，上报材料内容要完整、真实。

② 效率要求。对受理贷款申请、客户询问、贷款展（转）期业务、新增贷款业务以及信贷规模指标使用与调整、发放，银行报送的报告文件，上级下达的收贷、收息任务，信贷人员不准无故拖延、借故不办、推诿扯皮、刁难客户。要严格按信贷政策原则办事，使服务质量不断提高。

3. 主要业务的办理

（1）储蓄业务

客户如有疑问，储蓄人员应耐心详细地为客户解释清楚。客户也许会提出一些与制度不相符的要求，对此，储蓄人员要坚持原则。不过同时也要本着"一切为客户"的理念，向客户解释清楚为什么要这样做，并为给客户带来的不便表示适当的歉意。客户的要求也许没有必要，但不违反制度，这时尽量满足他的意愿，切不可不屑一顾。

礼仪专家提醒您

对大小客户应该一视同仁，都要热情周到。

（2）委托业务和银行卡

这一类业务因涉及的内容比较多，所以银行营业员应该向客户简明扼要地介绍办理过程中的所有要素，不要让他做无谓的往返。对一些关键要素必要时可重复征询、核实，以求办理时就使客户清楚他的权利和义务，减少因交代不清，造成客户误解，以致日后发生不快的可能。耐心地回答客户的提问，银行营业员是专业人员，为客户解释是义务，同时，也是一

第9章 银行服务礼仪

种荣耀。对客户容易疏漏的问题，要主动提醒，如提醒办理委托业务的客户"账户要保持一定的金额，以便扣款成功"等，提醒办理银行卡的客户"某某卡不要和密码单放在一起"等。

(3) 存单（存折）挂失

客户有时比较着急，所以，即使他们有过激的言行，也应本着体谅、理解的态度善待客户。正因为挂失对客户的利益有着直接的影响，所以应该详细、清楚地把有关要素都交代明确。要注意加快语言和动作的节奏，使客户感到储蓄人员在尽力为他分忧，切忌漠不关心、慢慢吞吞。

(4) 个人汇款

办理个人汇款对大多数人来说，都是陌生的，因此就需要银行营业员耐心、详细地为他们解释其中的每一个要素。目前，银行的汇兑方式有好几种，作为银行服务人员应该运用掌握的银行知识为客户做参谋，维护客户利益，让客户省钱又方便安全地达到汇款目的。

(5) 没收假钞

对客户而言，假钞被没收意味着损失。所以要体谅客户此时的不满甚至愤怒，对客户表示出足够的理解和同情。千万不要因为客户的喧哗而不恰当地提高嗓门。虽然没收假钞是按规定办事，但切不可凭"规定"一句话简单了事，因为客户也是受害者。银行营业员要在坚持原则的基础上，尽可能地做好解释工作。要主动教给客户识别假钞的知识，使客户增强反假能力，以免再次上当。

(6) 大堂咨询

咨询的责任之一是眼观八方，银行营业员应及时发现并帮助那些需要帮助但尚未提出或羞于开口的顾客。老年人、小孩、孕妇都是需要帮忙的，而对残疾人则要注意分寸，要在适当的地方以适当的方式关注他，并在他确实需要帮助时帮他一把，以维护他的自尊心。

咨询的责任还有许多，像维护营业场内的秩序、做好保洁工作、疏导客户等，尤其是疏导客户。如果发现客户在柜台有问不完的问题，咨询人员也有责任帮助同事解答问题，以减轻柜台的压力。

咨询员在营业场所内，千万不要板着脸。一位咨询员的面部表情冷若冰霜，会使柜台内几位同事微笑的作用都化为乌有。

4. 处理投诉的技巧

客户投诉一般是由所办理的业务引起的，如对银行服务态度的抱怨、对排队时间太长的抱怨以及相互之间的错听、错写、忘听、忘写、点数错误等，银行营业员在工作中要留心观察大厅，不遗漏、轻视、怠慢每一位客户，对客户提出的问题或投诉，注意倾听、精力集中、准确判断、正确应答，对投诉的客户应尽量引其离开现场，到休息室、贵宾室或比较安静的地方，并适时与主管人员接洽，以示重视和尊重。

投诉表示客人对服务的不满，在处理投诉时，相关从业人员要懂得以下礼仪。

处理投诉的技巧

△耐心倾听　△宽容忍让
△灵活果断　△悉心解释
△请示沟通　△表示感谢

（1）耐心倾听

搞清原因，如果确信是由主方原因引起，应及时主动道歉。

(2) 宽容忍让

无论对方由于何种原因、用何种方式投诉，无论是否合理，都需要服务人员宽容忍让、细心聆听，一方面客户通过发泄可以削弱怒气，另一方面也会让客户感觉到备受重视，进而接受客观冷静处理的建议。

(3) 灵活果断

在不违背原则的前提下，可以果断灵活地满足提出投诉的客户，以避免进一步的误会和不快。

(4) 悉心解释

等客户讲完，先对不能满足的要求和产生的误会表示歉意，然后解释不能做到的原因，解释时切忌含糊不清、前后矛盾。

(5) 请示沟通

遇到一时难以解决的问题，要保持镇定，适时请主管或高一级领导接洽解释，通常情况下，客户在受到恭敬的接待时，因内心感到受尊重，不满的情绪会有很好的缓解。

(6) 表示感谢

客户矛盾化解后，以"感谢您的意见，您的意见使我们得以进步"的话语作为告别语，同时，如果确实是由主方原因造成客户投诉的，还可以赠送一些小礼品以示歉意和安慰。

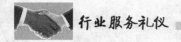
行业服务礼仪

三、银行服务的规范

> 服务是一个过程,并且具有不可逆性,这就决定了服务是"一次性"消费,要求服务人员一开始就要按规定程序作业,准确到位。规范化是银行员工高标准、严要求的具体体现,每位员工都应严格遵守。

1. 规范化服务的原则

要搞好规范化服务必须掌握以下原则:

规范化服务的原则

△客户第一　　△信誉第一

△效率第一　　△安全第一

(1) 客户第一

客户,此处包括自然人客户和法人(公司,企业、事业单位)。因为有了客户,银行营业员才有一份职业,才有事业,才有饭碗。客户就是"上帝",就是衣食父母,从这个意义上说,客户永远是正确的。客户意识就是饭碗意识。银行营业员要以客户为中心,以客户满意为标准,整合金融企业的所有服务要素,规范化银行服务。

(2) 信誉第一

老百姓为什么要把家庭财富交给银行打理,无非就是看中了银行的信

第9章 银行服务礼仪

誉。从某种意义上说,银行经营的就是信誉。信誉是金融企业的无形资产、经营资源。信誉就是生命,信誉就是口碑,信誉是一言九鼎的承诺。组织服务规范化活动的目的,就是更好地为客户服务,从而提升企业的美誉度。

(3) 效率第一

强调服务的效用性、单位时间的成功率。客户来银行主要不是来享受礼仪的,也不是来感受规范的,而是来完成使命,获取某种效用的,即要解决实际问题。员工的礼仪再标准,态度再亲切,环境再优美,但不能提供有效用的服务,不能实现客户的主要目标,一切努力等于零。虽能实现目标,但占用了客户大量的宝贵时间,客户还是会感到不满意、不高兴。在"时间就是金钱"的今天,对大多数客户来说,效率比什么都重要。所以服务规范化必须强调方便快捷,实用有效,即效率优先,兼顾态度。切不可搞花拳绣腿,热衷作"秀"。

(4) 安全第一

安全压倒一切,责任重于泰山。安全服务对于高风险的金融企业尤为重要。临柜服务中的安全主要是财务安全和人身安全。如临柜人员识假技能不高致使假币入账;对存单审核不严,致使储户存款被冒领;存单挂失中操作失误,导致客户资金在挂失生效期内被盗而承担赔偿责任等,均属财务上的安全事故。至于犯罪分子抢劫银行,这会威胁到客户和员工的人身安全。所以规范化服务措施的制订和落实要服从安全经营,这样才有利于风险防范。

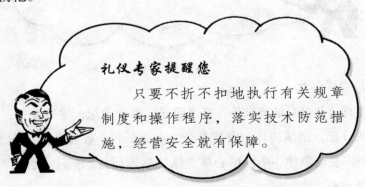

礼仪专家提醒您

只要不折不扣地执行有关规章制度和操作程序,落实技术防范措施,经营安全就有保障。

2. 业务操作的规范化

银行业务操作规范化主要从以下几方面着手：

（1）岗前要求

员工上班必须提前15分钟到岗，按规定做好上岗各项准备工作。包括打扫卫生；开启监控设备，更换录像带；开启电子屏；整理并添置宣传资料及各类凭条；更换摆好当日临柜人员工号牌等。员工接到库箱后，必须立即进入营业场内各自工作岗位，打开终端，有序摆好桌面营业用品，更换调好业务章、日戳等。

（2）岗位纪律

每位员工都必须遵守劳动纪律，不得迟到、早退。上岗时要精力集中，不得擅自离岗、串岗，因事需离岗时，应在柜口摆放暂停营业的牌子以提示客户。办理业务过程中不准中断业务去接打电话。工作时不大声喧哗，要保持环境安静。

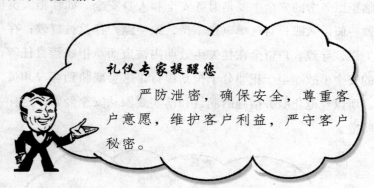

礼仪专家提醒您

严防泄密，确保安全，尊重客户意愿，维护客户利益，严守客户秘密。

（3）办理业务

对银行营业员总的要求是：忠于职守，遵章守纪；优质服务，诚信待客；服从分配，团结协作；廉洁奉公，不谋私利；敬业爱岗，乐于奉献；敢与内部不良现象作斗争，尽心尽责维护整体利益、全行（公司）形象。具体应做到准、快、好。

第9章 银行服务礼仪

① 准。熟知业务知识，熟练操作技能，熟悉规章制度，办理业务要准确，让客户一次成功。

② 快。坚持按照临柜操作程序和先外后内的原则，办理业务要快捷，减少客户等候时间。

③ 好。服务态度要热情，对待客户要诚恳，解答提问要耐心，咨询回话要准确。做到想客户所想，急客户所急。办理业务时，不准抛掷卡、钱和单证；不顶撞、刁难、冷落、讽刺客户；不推托、拖延、拒绝办理业务；不准压票、随意退票和无理拒付。柜面发生纠纷时，要善解人意、得理让人；如一时无法解决，应及时报请单位领导处理。

(4) 安全防范

员工应树立安全防范意识，严格遵守安全防范制度。随时关注营业场所的安全状况，边门必须上锁，报警器、灭火器保持完好；自卫武器应放置在随手可取位置；严禁非本单位人员进入营业场内；营业终了，现金、重要空白凭证、印章、机证、有价单证、账（簿）、卡等应全部入库，电器、电脑设备应及时关闭。

3. 营业环境的规范化

银行营业环境主要包括以下四个方面：

(1) 网点门面

各网点的门楣标志，包括字体、徽标的规格和颜色，必须按总行（部）统一制定的标准加以规范，给人以"天下某银行（公司）是一家"的视觉感受和认同感。在大门的两侧还必须挂有规范的机构名称牌、营业时间牌。门面应保持整洁，营业时间牌所示时间应与实际营业时间相一致。

(2) 营业场所

营业场所的环境须整洁、明亮、美观，地面保持清洁光亮。根据场地大小设立客户休息处，配置沙发、茶几若干并保持清洁、无污垢。严禁与业务无关的物品任意堆放。有条件的应设置"一米线"。

营业场所正面醒目处悬挂金融业务许可证、工商营业执照、日历和时钟，时间应保持准确。其他服务设施，如业务种类指示牌、利率牌、服务公约牌、公告牌、客户书写台、意见簿、暂停服务提示牌、服务监督电话号码、便民措施提示牌、宣传资料架等应设置齐全并摆放有序。

（3）柜面布置

柜面按员工窗口座位放置统一规格的工号牌、密码机、书写笔、老花镜，有条件的可放置若干盆花卉。

（4）工作台面

工作台面上只允许放置的用具有：电脑、算盘、计算器、印章、印泥、海绵缸、笔筒、现金分格箱、防伪鉴别器。不要在工作台上放置书报、毛巾等，椅背上也不能搁置衣服、领带等物。个人物品应统一放置在洗手间或柜子内。

How to talk?
How to do?

第 **10** 章

旅游服务礼仪

  旅游业能否以文明的素质、规范的礼仪、真诚的热情为游客提供优质周到的一流服务，直接关系到旅游企业的效益，因此必须在旅游服务中倡导礼仪、普及礼仪。旅游服务从业人员应该用自己出色的服务，让游客感受到亲切、温暖。

How to offer service?

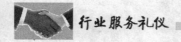

一、员工素质

旅游服务人员的言谈举止、行为规范代表着旅游企业的形象，他们的水平及工作质量直接影响着旅游企业的服务效果。做一名合格的旅游业员工，必须将遵守服务礼仪作为基本的素质要求之一。

1. 职业道德素养

旅游服务礼仪是以人际交往中的基本准则为主要内容，其基本准则归纳起来有如下几条。

职业道德素养

△ 遵守公德　　△ 遵时守信

△ 真诚友善　　△ 谦虚随和

△ 理解宽容　　△ 热情有度

△ 检点小节　　△ 风度高雅

（1）遵守公德

在旅游服务中，遵守公德包括要求旅游服务人员尊重妇女、尊老爱幼、爱护公物、遵守公共秩序、救死扶伤等。社会公德是旅游礼仪的基础，是形成旅游礼仪的前提。礼仪是社会公德健康发展的结果，是社会公德的集中表现。遵守公德，表现了游客与服务人员之间的互相尊重及对社会的责任感。所以遵守公德是旅游服务人员应该具备的品质，也是旅游服

第10章 旅游服务礼仪

务礼仪的基本要求。

（2）遵时守信

在旅游接待服务中，与宾客约定的时间或做出的承诺，一般不要轻易变更。因发生人为不可抗拒的因素不得已改动时，应及早打招呼，做好说明解释工作，尽量避免给对方造成麻烦或令人产生误解。

（3）真诚友善

以诚待人，是礼仪的本质特征。在旅游服务中，旅游服务礼仪不是虚伪的客套，而是表达对游客的尊重和友好，需要诚心待人，表里如一。旅游服务人员若待人真诚，就很容易得到游客的亲近和信任。同时，与游客交往要从友善的愿望出发，不可心存恶意或无端猜忌别人，也不可盛气凌人，自视高人一等。

（4）谦虚随和

谦虚随和的旅游服务人员，处事自然大方，待人态度亲切，善于听取游客的意见，有事能与游客商量，表现出虚怀若谷的胸襟，容易同游客建立亲近的关系。

（5）理解宽容

理解，就是要求旅游服务人员懂得游客的思想感情，意识到和理解游客的立场、观点和态度，能够根据具体的情况体谅游客、尊重游客，心领神会地理解游客心灵深处的喜怒哀乐。宽容就是大度、宽宏大量、能容人，但宽容要坚持原则，不能姑息纵容不良现象。

（6）热情有度

旅游服务人员的热情会使游客感到亲切、温暖，从而拉近彼此之间的感情距离，架设起友谊的桥梁。但若热情过分，会使游客感到虚情假意或别有用心，因而有所戒备，无形中筑起一道心理防线。因此热情要适度。

（7）检点小节

正所谓细节体现教养，细节展示素质。从小节处，可以看出一个人的修养水平。在注重礼仪的社会交往场合，不注意小节的人是不受欢迎的。作为旅游服务人员，注意小节、彬彬有礼是最起码的行为修养和礼仪要求。

（8）风度高雅

风度是旅游服务人员深层次的精神状态、个性气质、品质修养、文化品位、生活情调的外在表现，它是以内在的气质为基础的。优雅的风度取决于高雅的气质，风度美是一个人秀外慧中的表现。与仪表美相比，风度的优雅是一种更深刻的美，使旅游服务人员更容易为旅客所欣赏和接纳。

2. 科学文化素质

游客大多具有较高的文化修养，所以，只有具备现代科学文化知识的旅游服务人员，才能掌握科学的操作技术，为游客提供优质的服务。没有文化素养，仅靠和气、听话、勤快是无法适应现代旅游服务工作的。

旅游服务人员应当具备各方面的科学文化知识和社会知识，应具有一定的文学、哲学、历史、心理学、经济学、法律、美学、音乐、绘画等方面的知识。旅游服务人员还应当了解国内各地及国外一些国家和地区的风俗民情，熟悉本地区的经济、文化、交通、娱乐等方面的情况，广泛涉猎各方面的文化知识。有了科学文化知识，旅游服务人员才能使自己讲礼貌、懂礼节，才能分析、思考问题周到，处理解决问题得当，才能给中外宾客留下深刻的印象。

3. 业务技术素质

旅游服务人员应具备良好的业务技术素质，这对于提高旅游业的服务质量和工作效率、降低成本、增强竞争力、提高宾客满意度有着重要作用。业务技术素质的基本要求有：

第10章 旅游服务礼仪

业务技术素质

△掌握专业技能

△具备语言表达能力

△拥有礼貌修养

(1) 掌握专业技能

掌握专业操作技能是做好服务工作的基本条件。旅游业的专业操作技能表现为四个方面：

- 先进设备设施的操作、保养和维修的技术。
- 大量仍然以手工劳动或需辅以手工劳动的简单但又必不可少的日常服务技能。如餐厅的摆台、折花、上菜、斟酒、端茶；客房的铺床、整理房间、洗衣、擦鞋等。
- 烹调技术。这是反映中国旅游特色的一项专门技能。
- 服务接待艺术。操作水平的高低直接影响着服务效率和服务质量。

(2) 具备语言表达能力

语言表达能力在很大程度上影响着旅游服务人员的服务质量和经营效果。旅游服务人员不仅要用简洁的语言准确地表达语义，而且要反映出热情、诚恳的态度。因此，旅游服务人员必须加强语言美和职业技能修养。此外，因需要接待国外宾客，要求旅游服务人员应掌握一门以上的外语。

(3) 拥有礼貌修养

旅游服务人员的良好的礼貌修养，体现在他们的一举一动、一言一行中，这是优秀的旅游服务人员必须具备的素质。具体表现为：

- 仪表端庄。旅游服务人员的容貌姿态和服饰要讲究，发型要大方，面容要清洁。
- 言行节制。说话和行为要适合身份，合乎情理，符合规范。

● 讲究卫生。做到个人面貌整洁，服装干净，身无异味。

● 遵时守信。在旅游服务中，遵守规定或约定的时间，不得违约，更不可失约。

● 尊老爱幼。尊重、关心老年游客，帮助他们解决旅游过程中碰到的困难。爱护幼小儿童，在旅游服务中尽量给予携带小孩的游客方便。

4. 职业心理素质

旅游服务人员应具有良好的职业心理素质。一方面，应学习一些旅游心理学知识，这样可以更好地了解游客的思想、需要和爱好，掌握他们在食、住、行、娱乐等方面的具体要求，从而更好地为游客服务。另一方面，也是最重要的是要保持积极的心态。没有健康积极的心态，就很难对游客表现出主动热情，也不可能做到彬彬有礼、自信自尊。有些旅游服务人员在待人接物时缩手缩脚，羞于见人，究其原因，往往是由于缺乏积极的心态，如有些人觉得自己相貌平平、性格内向、口才不济，难以做好接待服务工作，有的人由于自卑胆怯，害怕受到别人的轻视和排斥，其实这些人真正缺乏的不是能力，而是缺少信心，缺少积极健康的心态，只要调整好心态，增强信心和勇气，就能够挖掘出难以估量的潜能。

积极健康的心态通常有以下特点：保持乐观稳定的情绪，在工作和生活中充满热情和活力；有较强的事业心和目标意识，能够与组织行为和公众利益协调一致；能够正确地认识自己，并能公正地评价别人，豁达宽容，自尊同时尊重他人，建立和保持和谐的人际关系；积极进取，勇于追求，意志坚强，善于自我克制；能够坦然冷静地接受所发生的各种事情，迅速做出应变。

第10章 旅游服务礼仪

二、形象礼仪

> 旅游服务人员作为游客直接审视体察的最初对象,留给客人的第一印象是至关重要的,第一印象主要来自于服务人员的仪容、仪表和仪态,它往往影响到对游客的接待效果。因此,旅游服务人员讲究仪表、仪容和仪态礼仪是十分重要的。

1. 仪表礼仪

从表象上看,仪容仪表均属于外在的东西,与实际的社交活动没有直接关联,但是,由于旅游服务活动的特殊性使得旅游服务人员的言谈举止始终处于公众的关注之中,有时服务活动中的一句话、一个手势,或者一次不合时宜的着装,都将直接影响其本人或其所代表的企业甚至国家的整体形象。

所以,旅游服务人员的仪容、仪表实际上是一种个人形象包装艺术,良好的仪容、仪表对个人、企业和国家都能起到积极的宣传效果,给游客留下良好的第一印象。

在旅游服务过程中,游客与旅游服务人员之间的交流与沟通,始终是建立在彼此之间相互尊重的基础上的。以良好的仪容仪表出现在游客面前,本身就是对游客的尊重。它用无声的语言将对对方的尊重和重视传达出去。

2. 仪态礼仪

旅游服务人员的仪态主要指在服务工作中的姿势、举止,如站立的姿势、走路的步态，说话的声音、面部表情、运用的手势等。同时"体态语言"的正确运用和通过训练后呈现出的健美形体，对旅游服务工作具有特殊的意义和重要作用。潇洒的风度、优雅的举止，最能给人留下深刻的印象。

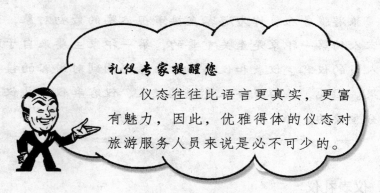

礼仪专家提醒您

仪态往往比语言更真实，更富有魅力，因此，优雅得体的仪态对旅游服务人员来说是必不可少的。

3. 仪表

服饰是一种文化，而穿着则是一门艺术，在旅游服务中始终保持服饰漂亮得体，并不是一件容易的事。因为正式场合的着装，不仅要考虑到服装的面料、色彩、样式及饰物的点缀与佩戴，更要考虑到服务人员所面对的旅游服务的实际状况、服务人员的角色身份及自身的年龄等因素。出席旅游社交礼仪活动，着装应尽量端庄、稳重、得体，充分体现出服饰与环境、气氛的协调，服饰与职业、身份的协调，服饰与肤色、身材的协调，服饰与特定年龄阶段审美情趣的协调。通常说来，得体的服饰与装扮可以起到"画龙点睛，烘云托月"的作用，突出人体的曲线美、协调美、韵律美，将女性的天生丽质和男士的俊朗与潇洒展现得更加淋漓尽致。

从事旅游服务的男士一定要注意服装的干净、整洁，要熨烫平整、扣子齐全、拉链完好。不应有菜汁、油渍或其他污迹，不可有漏缝、破边。皱皱巴巴、歪歪扭扭只会给人留下邋遢和不严谨的印象。

第10章 旅游服务礼仪

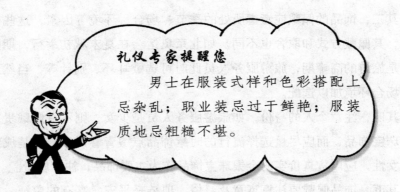

礼仪专家提醒您

男士在服装式样和色彩搭配上忌杂乱；职业装忌过于鲜艳；服装质地忌粗糙不堪。

对于从事旅游服务工作的女性，最基本的着装要求是干净、整洁、熨烫平整。服装式样不能太怪异、太暴露，工作装不宜太鲜艳、醒目，更不能满身珠光宝气。

旅游是个很时尚的行列，它要求旅游服务人员应紧跟现代的时装潮流，讲究美观、实用、舒适，突出个性特点。

4. 饰品礼仪

饰品，是指能够帮助旅游服务人员起到装饰点缀作用的物件，包括服装配件和首饰。如帽子、丝巾、耳环、项链、胸花、戒指、手镯、眼镜等。它们有的是实用性与艺术性的结合，有的纯属装饰品。饰品的佩戴是旅游服饰礼仪的重要组成部分，符合礼仪的佩戴，可以起到扬长避短、点缀装束、传递信息和表达意向、塑造形象美等作用。

旅游服务人员佩戴饰品时应注意以下几点：

其一，饰品的佩戴应讲求整体的效果，要和服装相协调。一般穿考究的服装时，才佩戴昂贵的饰品，服装轻盈飘逸，饰品也应玲珑精致，穿运动装、工作服时不宜戴饰品。

其二，饰品的佩戴应与自身条件相协调，如体形、肤色、脸型、发型、年龄、气质等。胖脸型的女性服务人员不宜戴大耳环，戴眼镜的女士不宜戴耳环。

其三，饰品的佩戴应考虑所处的季节、场合、环境等因素，这些因素不同，其佩戴方式和取舍也不同。如北京奥运会在夏末秋初举行，期间和会后是旅游的高峰期，旅游服务人员此时可选戴耳环、别针等，当然还要根据场合环境加以选配。

其四，注意个人的身份，如旅游服务人员是少女，则不宜佩戴贵重的金银珠宝饰品，而应尽量选择流行的时髦饰品点缀青春风采；若是成熟的中年女性，应以货真价实的金银珠宝饰品作为主要饰品，注意质量。

其五，饰品佩戴要注意寓意及习俗。项链是平安、富有的象征，旅游服务人员应根据身材和个性特点，选择适当的款式和色彩。

其六，旅游服务人员在工作岗位上佩戴饰品应少而简洁、大方得体，不宜过分夸张和华贵。一切要以游客为中心，摆正与游客之间的相互关系，不可在游客面前炫耀自己，应佩戴与自己角色及所处环境适宜的饰品。

其七，制服代表着正统、保守，基本风格是追求共性，不强调个性。从本质上讲，旅游服务人员的制服不需要被刻意装饰。因此，旅游服务人员穿制服尤其是劳动制服时，以不佩戴任何饰品为好。

三、礼貌用语

礼貌用语具有体现礼貌和提供服务的双重特性，是旅游服务人员向宾客表达意愿、交流思想感情和沟通信息的重要工具。旅游接待服务的过程，就是从问候宾客开始，到告别宾客结束，语言是完成各项接待工作的重要手段。因此，正确地使用礼貌用语应成为每个旅游接待人员的职业素养。

1. 礼貌用语的要求

既然旅游服务礼仪中的礼貌用语如此重要，那么，旅游服务业对服务人员的礼貌用语就提出了几点要求。

礼貌用语的要求

△ 声音优美
△ 称谓恰当
△ 语言精练
△ 语气、语调和语速适当

（1）声音优美

旅游服务人员使用礼貌用语时，语音要标准。无论是普通话，还是外语，咬字要清晰，尽可能讲得标准；嗓音要动听，增加语言的感染力与吸引力；音量要适度，以游客听清楚为准，轻声总比提高嗓门令人感到悦耳,切忌大声说话,语惊四座;语调要婉转、抑扬顿挫有情感,令游客愉快;语速要适中,避免连珠炮式说话。

(2) 称谓恰当

称谓语在旅游服务中使用频率很高,人们往往对称呼是否恰当十分敏感。旅游服务人员一个恰当的称呼,能迅速拉近与游客的距离,同样,一个不当的称呼,会使游客感到不愉快,造成交往双方的感情上的障碍。在旅游服务工作中,应根据职业、职务、年龄、性别、国籍的不同对游客使用不同的称呼。称呼时要了解游客的民族习惯,分析游客心理状态,做到充分尊重游客、不伤害游客的感情和自尊。

(3) 语言精练

旅游服务人员与游客谈话必须语言精练,中心突出,言简意赅。精炼绝不是指语言单调,词汇贫乏,而是说用较少的话表达尽可能多的内容,取得以少见多的效果。切忌说话啰啰唆唆、拐弯抹角。精炼的语言要求是由旅游服务人员的身份和工作性质决定的。

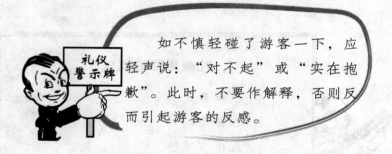

如不慎轻碰了游客一下,应轻声说:"对不起"或"实在抱歉"。此时,不要作解释,否则反而引起游客的反感。

(4) 语气、语调和语速适当

旅游服务人员使用礼貌用语时要注意语气、语调和语速。使用礼貌用语时,语气要谦虚和蔼,使游客感到亲切自然;语调要稍低,使游客感到柔和温馨;语速要适中,使游客感到大方稳健。说话声音过高、速度过快,会使游客感到接待人员急躁、不耐烦;有气无力、拖着长脸,使人感到冷漠、厌倦。旅游服务人员说话的语气、语调、语速,要受自身先天条件的影响，但若加强后天的训练，注意调整，也可以使自己说话的音调柔和甜美，塑造一个温文尔雅的旅游服务人员的形象。

2. 礼貌用语的类型

旅游服务工作职业语言上的另一个特点，是礼貌用语的广泛应用。旅游服务礼貌用语主要包括以下几个方面：

（1）敬语

敬语，亦称"敬辞"，它与"谦语"相对，是表示尊敬礼貌的词语。除了礼貌上的必需之外，能多使用敬语，还可体现旅游服务人员的文化修养。

敬语在表达方式上的最大特点是恭谦待人，礼让敬客。具体使用上通常表现为在与游客交流时"请"字开头，"谢谢"收尾，"对不起"常挂嘴边。称呼游客需用尊称，如"阁下"、"贵方"、"尊夫人"等。

（2）谦语

谦语作为礼貌用语的一种，在旅游服务行业中应用相当广泛，它是向游客表示谦恭和自谦的一种词语。

谦语通常和敬语同时使用，在对游客使用敬语的同时，在旅游服务人员进行自我称呼、自我判断、自我评价、自我要求时，适于用谦语进行表达。如，在交谈时自称常用"愚人"、"敝人"；自谦常用"寒舍"、"愚见"等；自评常用"一点小事不足挂齿"或"您过奖了，这是我应该做的"、"招待不周，请多包涵"等。

（3）雅语

雅语是指一些比较文雅的词语。雅语作为敬语的一种，是一种含蓄、委婉的表达方式。在旅游服务场合，经常使用雅语，能体现出旅游服务人员的文化素养以及尊重他人的个人素质。

在旅游服务中，用"您需不需要加一点主食"代替"你要饭吗"；用"不新鲜"代替"臭了"；用"这身衣服不太适合您"代替"这身衣服很难看";用"发福了"代替"发胖了"等。雅语的使用不是机械的、固定的,需要根据不同场合、不同人物、不同时间灵活运用。

3. 礼貌用语的方法

为了体现旅游服务人员的良好素质,在使用语言时应表现出良好的文化素养、礼貌的待人处世态度,并给人以高雅、脱俗之感,在使用礼貌用语时应特别注意诸如说话时的仪态、词语的选择、对象的区别等因素。

使用礼貌用语也要注意选择适当的词语,在表达同一种意思时,由于选择词语的不同,有时会有几种说法,也往往会给游客以不同的感受,产生不同的效果。因此,在游客服务时要注意选择客气的用语,如说"用饭"代替"要饭";用"一共有几位宾客"代替"一共有几个人";用"贵姓"、"尊姓"代替"你叫什么";用"不新鲜"、"有异味"代替"发霉了"、"变质了";用"让您破费了"代替"按规定罚款"等。

由于游客在身份、地位、民族、宗教、年龄、性别等方面存在差异,因此礼貌用语也应注意根据不同的对象有所区别,准确地使用。

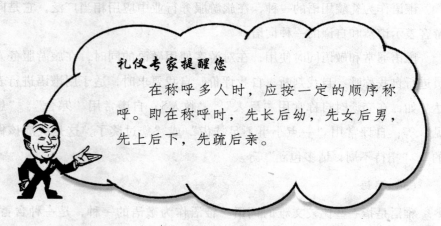

礼仪专家提醒您

在称呼多人时,应按一定的顺序称呼。即在称呼时,先长后幼,先女后男,先上后下,先疏后亲。

旅游服务人员使用礼貌用语的目的,在于表达对游客的尊敬和重视。主动、热情、态度谦逊、用词得当是非常必要的,但也应注意适用性,避免咬文嚼字。

四、旅行社的服务

在整个旅游活动中，旅行社的接待处于主导地位，它在游客和旅游饭店、旅游交通部门及旅游景点之间起着沟通和桥梁的作用。旅行社不仅要接待国内游客，而且还会与外国友人打交道。这就更要求旅行社注重接待礼仪。

1. 门市部接待

门市部是旅行社接待的前沿场所，做好接待服务至关重要。因此，门市部应表现出良好的服务礼仪。

门市部接待的要求

△ 进门问候　　△ 主动引导

△ 积极介绍　　△ 达成协议

△ 收款付票　　△ 提醒事项

（1）进门问候

游客走进门市部后，旅游门市部服务人员首先要仔细观察、判断游客进入门市的意图。其次，看到已进来，旅游服务人员就要转向游客，用眼神来表达关注和欢迎，注目礼的距离以五步为宜；在距三步的时候就要面带微笑，热情地问候"您好，欢迎光临"，并用手势语言敬请游客坐下。最后，要主动为游客提供帮助，可通过接触搭话使游客的注意从无意注意

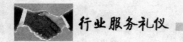

转向有意注意，或者从对旅游产品的注意发展到对该产品的兴趣。

（2）主动引导

在游客表明对某种旅游产品产生兴趣时，门市部服务人员要立即取出该产品的宣传资料递给游客，以促使其产生联想，刺激游客的购买欲望。

（3）积极介绍

在游客比较、判断的阶段刺激游客购物欲望，促成购买，列举旅游产品的一些卖点或者亮点，向游客说明。

（4）达成协议

当推销成功，旅行社门市部应当依法与游客订立书面旅游合同，其目的是维护旅游公司和游客的合法权益。

（5）收款付票

游客一旦签好旅游合同，门市部服务人员就应该收取费用，并为游客开好发票。核对票款时要认真仔细，避免发生错收错付情况。

（6）提醒事项

门市部服务人员在为游客开好发票、结束销售时，还应询问游客是否有亲人或者朋友一起去旅游，告知游客出发前要注意哪些事项，什么时间、地点和导游联系，并可以告知旅游途中要注意的事项。这都会使游客体验到门市部是真心实意地为他们服务的，从而产生美好印象，起到良好的宣传效果。

第10章 旅游服务礼仪

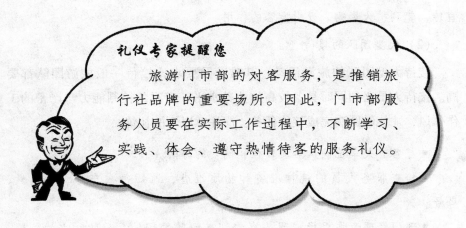

礼仪专家提醒您

旅游门市部的对客服务，是推销旅行社品牌的重要场所。因此，门市部服务人员要在实际工作过程中，不断学习、实践、体会、遵守热情待客的服务礼仪。

2. 特殊团队接待

所谓特殊团队，就是指有别于一般旅游、观光，具有其自身特点的旅游团队。在组织接待安排时，不能等同于一般观光团的操作，旅游服务人员应根据他们的自身特点，有针对性地进行操作和接待。

（1）新闻记者或旅游代理商的接待

旅行社组织接待代理商或新闻记者参与旅游，目的是介绍自己组合的旅游线路，使其通过观察，了解并熟悉本社的业务和旅游目的地的旅游业情况，产生组团消费本社旅游产品的愿望或愿意宣传本社的旅游业务。旅行社组织旅行代理商或新闻记者旅游时，务必注意：

● 精心设计最佳的旅游线路。旅行社应派专人预先按线路采访一下，并落实各地的准备工作。每个地方突出什么，活动、交通、住宿、餐饮怎样安排等，要反复检查确认。

● 邀请团在考察过程的活动，尤其是交通、食宿、参观游览、文娱活动等，应与将来旅行社组团的活动基本一致。

● 配备最佳导游。选择好导游，是邀请团活动成功与否的关键。要选择有经验而又学识丰富的导游，讲解既深入浅出，又诙谐动听、妙趣横生，让代理商或记者们感到是一次很好的艺术享受，回去后有助于更好地

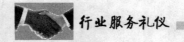

宣传，起到扩大影响、吸引游客的作用。

（2）大型团队的接待

接待大型团队的旅游活动，其难度及要求比接待一般旅游团队都要高。接待人员必须同时具备较高的业务水平、宏观的控制能力与严密的工作作风，才能够圆满完成接待任务。应注意以下的礼仪：

- 与各有关单位确认活动日程和确切的时间。
- 检查服务人员的精神准备和物质准备，通知每人车号、客人数、房号。
- 部门经理亲临机场或码头察看迎接团队的场地、乐队站立的位置、停车点。
- 事先安排服务人员到客人下榻的饭店，与饭店客房部经理等共同检查房间内各种设施是否完好可用。
- 与车队联系好出车顺序，车上贴好醒目车号和标志。

（3）残疾人团队的接待

接待残疾人旅游团队，最重要的是要有满腔热忱，随时注意维护其自尊心。在生活服务方面，一定要细心周到，想方设法为他们提供方便；在导游工作方面应尽量满足他们的要求；在日程安排方面，要考虑到他们的身体条件和特殊需要，时间应宽松些，所去景点应便于残疾人活动。

3. 景区景点服务

应保证景区景点的各种服务设施处于良好状态，以便为游客提供安全舒适、质量上乘的服务。景区景点不同岗位的服务人员，应按服务岗位的不同分别统一着装、佩戴服务标志牌，熟悉本岗位的工作，并为游客的活动提供及时有效的服务。

景区景点的导游，应能根据游客的不同需求提供相应的游览方案，供游客选择。景区景点的导游服务应根据与游客的约定进行安排，不应随意改变游览路线、减少解说景点或敷衍了事。

第10章 旅游服务礼仪

景区景点的导游服务不应以明示或暗示的方式向游客索要小费。

景区景点旅游酒（饭）店应公开就餐标准，明码标价，不应降低餐饮标准或克扣游客。旅游酒（饭）店不应使用对环境造成污染的一次性餐具。餐饮服务卫生应符合《中华人民共和国卫生法》的规定，有预防食物中毒和食品污染的要求和措施。景区景点旅游酒（饭）店不应为客人提供违反国家有关规定的野生动植物。应能满足广大游客的就餐要求，并着重体现当地的饮食文化和地方饮食特色。

旅游购物场所应管理有序，经营者要佩戴胸卡、亮照经营，杜绝尾追兜售和强买强卖现象。购物场所所售商品应质量合格，明码标价，无欺诈行为。

景区景点应设置有厕所、垃圾箱和痰筒等卫生设施。景区景点厕所应为水冲式；厕所室内应清洁，通风良好，无污水垃圾；厕所门窗应有防蝇措施；还应有洗手池、衣帽钩等设施。景区景点的垃圾箱、痰筒应及时清洗，保持卫生。景区景点出入口、主要通道、危险地段、警示标志等应有照明设备，照明设施应保持完好。景区景点内应有畅通有效的广播通讯服务网、报警点和报警电话，随时为游客免费提供服务。

4. 旅游投诉受理

游客投诉的原因，一般说来，多为旅游服务人员对游客不尊重、态度不好、工作不负责任、服务技能低，旅游产品价格高，服务质量差，服务项目少及与他人纠纷等。

对于处理解决游客投诉问题，世界旅游业，特别是一些国际饭店连锁店所采用的方法主要是：平息游客激动情绪，迅速解决游客问题。

旅游投诉受理

△ 认真倾听，承认事实
△ 态度诚恳，同情致歉
△ 迅速决定，采取措施
△ 感谢宾客，尽力补救
△ 快速行动，补偿损失
△ 具体落实，追踪反馈

（1）认真倾听，承认事实

对于游客所投诉的问题要准确地了解，具体受理投诉的旅游服务人员必须认真听取游客的叙述，要注视游客，不时地点头示意，让客人明白"他们在认真听取我的意见"，而且听取游客意见的代表要不时附和，"我理解，我明白，一定认真处理这件事情"。为了使游客能逐渐消气息怒，投诉的接待人或主管应以自己的语言重复游客的投诉或抱怨，若遇上认真严肃的投诉游客，在听取游客意见时，还应做一些记录，以示对游客的尊重及对所反映问题的重视，同时也给旅行社解决投诉提供依据。

（2）态度诚恳，同情致歉

首先要让游客理解，旅行社非常关心并诚心了解他们的服务是否令他满意。如果游客在谈问题时十分生气，作为具体受理投诉的服务人员，即值班经理，就要不时地表示对游客的同情。如："我们非常遗憾，非常抱歉听到此事，我们理解您现在的心情……"

假若旅行社应对游客的抱怨或投诉事宜负责，或者将给予游客一定的赔偿，这时值班经理就要向游客表示歉意并说："我们非常抱歉，先生。我们（旅行社）将对此事负责，感谢您提出的宝贵意见。"

第10章 旅游服务礼仪

(3) 迅速决定，采取措施

作为值班经理应理解和明白游客为什么抱怨和投诉，并迅速做出决定，采取行动以便纠正错误。

首先十分有礼貌地告知游客针对投诉内容将要采取的措施，并尽可能让宾客同意行动计划。例如，可以按下列的方式征求宾客对采取改进措施的意见："某某先生，我将这样去做，您看是否合适？"；"某某太太，我们将这样去安排您的要求，你是否喜欢？"；"某某先生，假若我这样去做，你看可以吗？"等。

(4) 感谢宾客，尽力补救

如果游客遇到不满意的旅游服务不作任何投诉，但是讲给其他游客或朋友听，不仅会极大地影响企业的未来客源市场，而且影响了旅行社的声誉。所以，当遇到游客的批评、抱怨甚至投诉的时候，不仅要欢迎，而且要感谢。通常的具体做法如下："某某先生，感谢您给我们提出的批评指导意见，非常感谢您。"；"您及时让我们知道了旅游服务中的差错，这一点太好了真非常感谢您，某某先生。"；"谢谢您，某某夫人，您指出我们旅游服务项目的欠缺和不足，使我们及时发现并得以纠正。"等。

(5) 快速行动，补偿损失

当游客完全同意值班经理所采取的改进措施时，就应立即行动，补偿损失一定不要拖延时间。时间和效率就是对游客的最大尊重，也是游客的最大需求，如果光说不干就是漠视游客，会引起新的不满。

(6) 具体落实，追踪反馈

首先，要确保改进措施按计划实施。其次，要使旅游服务水准及服务设施均处于最佳状态，并且事后电话回访游客的满意程度。对待投诉游客的最高敬意，莫过于对游客的关心。许多对旅行社怀有感激之情的游客，往往是那些因投诉问题得到妥善处理而感到满意的客人。

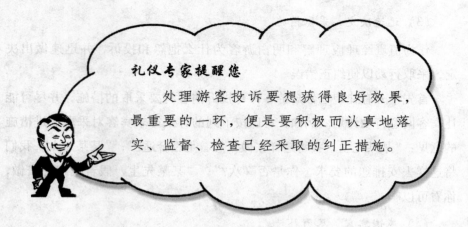

礼仪专家提醒您

处理游客投诉要想获得良好效果，最重要的一环，便是要积极而认真地落实、监督、检查已经采取的纠正措施。

  投诉游客的最终满意程度，主要取决于旅行社对他公开抱怨后的特殊关怀和关心程度。此外，旅行社所有的管理人员和服务人员也应相信：游客包括那些投诉的宾客都是有感情的，也是通情达理的；对企业的广泛赞誉及企业的社会名气来自企业本身的诚信和准确、细致、到位的服务。

第10章 旅游服务礼仪

五、导游员的服务

导游员，是向游客提供知识与文化的高智能、高技能的服务人员。为了使游客满意，导游员除了与其他旅游服务人员一样必须具备良好的礼节、礼貌、修养外，还必须在迎送游客、带客游览、带客购物、导游讲解全过程的工作中，提供热情、周到的礼仪服务。

1. 服务原则

导游员有自己的行业服务原则，导游员面对众多中外游客，服务原则更应牢记心中。

服务原则

△ 服务第一
△ 宾客至上
△ AIDA
△ 规范化服务和个性化服务相结合
△ 合理的可能
△ 维护合法权益

（1）服务第一

导游工作，是一项服务工作。游客外出旅游就是花钱享受服务，从而获得物质上的享受及精神上的满足和快乐。作为导游员,应该学会换位思考。要想获得游客真诚的赞美,就必须树立服务第一的意识,这也是导游服务的重要原则。

服务第一的原则要求:将游客放在第一的位置,关心、帮助游客,勤勤恳恳地做好服务工作,尽力满足游客的合理需求。在国际旅游界,人们通常将旅游优质服务的标准确定为:热情友好、效率卓著、安全可靠、灵活方便和设身处地。作为导游员在旅游接待工作中要发扬礼仪之邦的优良传统,把为游客服务看成是自己光荣和重要的职责,努力探求服务心理,做一名优秀的旅游导游员。

(2) 宾客至上

"有朋自远方来,不亦乐乎?"自古以来,我国就是文明之邦,热情好客是中华民族的优良传统。在现代旅游业发展的今天,"宾客至上"、"顾客就是上帝"的观点,不仅仅是一句口号,更重要的是体现了旅游企业的服务宗旨、行动指南。

游客是旅游企业的衣食父母,要使企业在激烈竞争的旅游市场上立于不败之地,就必须以优质的服务满足游客的要求。

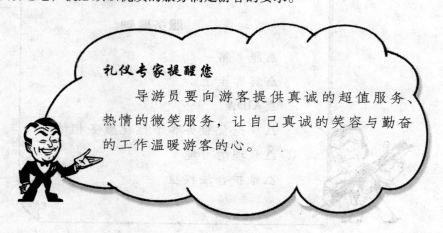

礼仪专家提醒您

导游员要向游客提供真诚的超值服务、热情的微笑服务,让自己真诚的笑容与勤奋的工作温暖游客的心。

(3) AIDA

AIDA 原则,是由英文词的词首组成的,A 表示 Attention(注意;注意

第10章 旅游服务礼仪

力）引起谈话，吸引注意力；I 表示 Interest（趣味，兴趣，爱好等），激起谈话对象的兴趣；D 表示 Desire to act（想要，希望（做某事）），激起谈话对象希望进一步了解情况的心理，得到启示，加深双方关系，尤其是激起对方的占有愿望；最后一个 A 表示 Action（行动，举动，行为等），努力使对方采取占有行动。

AIDA 原是西方商界的市场推销原则，它简明地说明了消费者的行为模式。导游员可以把这一原则，作为激发游客的游兴、推销附加旅游产品、处理问题的行为模式。这对建立导游者与游客的良好关系，创造友好气氛有积极作用。

(4) 规范化服务和个性化服务相结合

规范化服务，在此指的是在两个"标准"（1996 年 6 月 1 日实施的《导游服务质量国家标准》和 1997 年 7 月 1 日实施的《国内旅游服务质量要求》）的基础上，向游客提供优质的导游服务。

个性化服务，在此指的是导游员在标准之外和旅游合同约定之外，按照游客的合理要求而提供的服务。

(5) 合理的可能

这是导游员处理游客提出的各种要求和问题时应注意的原则。游客在旅游中往往有求全、求高的心理，经常提出一些苛刻无理的要求，遇上这种游客就必须坚持合理的可能原则。当游客提出过高的要求时，导游员必须仔细认真地倾听，冷静分析游客的意见是否合理，有无实现的可能。对其合理的要求要给予肯定，并想方设法去办。对不合理的要求要给予耐心细致的解释，要合情合理，使游客心悦诚服。

(6) 维护合法权益

维护合法权益，指维护消费者、导游及旅游企业的合法权益。作为消费者，我国的有关法律法规赋予了游客相应的合法权益。导游在提供服务的过程中，必须切实予以维护。无论发生什么问题，导游人员应积极采取一切必要的措施，把问题控制在最小的范围之内，尽量减少因游客合法权益受损而产生的投诉。作为经营者和服务提供者,旅行社和导游人员的合法权益也应受到法律保护。

以上六项原则,是导游员的优质服务原则,也是导游员处理各种问题的基本原则。它们既是导游员服务工作的基本要求,也是衡量导游员服务态度和服务质量的重要尺度和标准。

2. 迎送规范

旅游团队接送是导游人员的一项十分重要的工作,接团工作的礼仪是否周全,直接影响着旅行社和导游本人在客人心目中的第一印象;而送团则是带团的最后一项工作,如果前面的工作客人都非常满意,但送团工作出现了礼貌不周的问题,同样会破坏旅行社和导游人员在客人心目中的整体形象,并使陪团前期的努力前功尽弃。为此,搞好导游服务工作,遵守迎送礼仪是十分重要的。

(1) 迎客

迎客工作,是导游人员与游客接触的第一步,做好迎导工作可以提升旅行社在游客心目中的形象,因此导游人员的迎客应注意各个环节。

- 认真核实接待计划,掌握旅游团的基本情况,确认迎接工作的每一个细节。
- 凡导游人员到机场、车站、码头迎接客人时,必须比预订的时间早到 10~30 分钟,绝不能让游客等候接团导游。
- 应事先准备好足够旅游团游客乘坐的旅游车,并督促司机将车身和车内清洗、清扫干净。
- 备好醒目的接团标志,最好事先了解全团人员的外貌特征、性别、装束等,当游客乘交通工具抵达时,举起接团标志旗帜,向到达游客挥手致意。
- 接到游客后,应先说"各位辛苦了",然后主动介绍自己的单位及姓名。

第10章 旅游服务礼仪

- 介绍过后,迅速引导游客来到已安排妥当的交通车旁,指导游客有序地将行李放入行李箱后,再招呼游客按次序上车;游客上车时,最好站在车门口,用手护住车顶以防游客碰头。
- 游客上车后,待游客稍作歇息后,将旅游活动的日程表发到游客手上,以便让客人了解此行游程安排、活动项目及停留时间等。

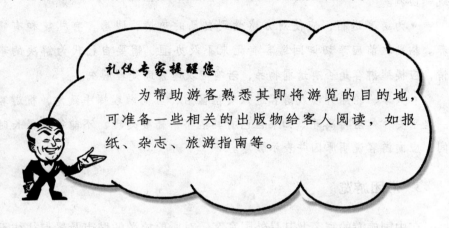

礼仪专家提醒您

为帮助游客熟悉其即将游览的目的地,可准备一些相关的出版物给客人阅读,如报纸、杂志、旅游指南等。

- 注意观察游客的精神状况,如游客精神状况较好,在前往酒店途中,可就沿途街景做一些介绍;如游客较为疲劳,则可让客人休息。
- 到达酒店后,协助游客登记入住,并借机熟悉游客情况,随后,将每位游客安排妥帖。
- 游客进房前先简单介绍游程安排,并宣布第二天的日程细节。第二天活动如安排时间较早,应通知总台提供团队游客的叫早服务,并记住团员所住房号,再一次与领队进行细节问题的沟通协调。
- 不要忘记询问游客的健康状况,如团队游客中有身体不适者,首先应表示关心,若需要应想办法为游客提供必要的药物,进行预防或治疗,以保证第二天游程计划的顺利实施。
- 与游客告别,并将自己的房间号码和手机号码告知游客。

(2) 送客

为游客提前做好准备工作,待旅游结束,再为游客做出各种友情提示并送上美好的祝福,让游客感到旅程的温馨。这样做,旅行社在游客心目中的印象更加完美。

• 游客活动结束前,要提前为游客预订好下一站旅游或返回的机(车、船)票;游客乘坐的车厢、船舱尽量集中安排,以利于团队活动的统一协调。

• 为游客送行,应使对方感受到自己的热情、诚恳、有礼貌和有修养。临别之前应亲切询问游客有无来不及办理、需要自己代为解决的事情,应提醒游客是否有遗漏物品,若有应及时帮助处理解决。

• 火车、轮船开动或游客进入安检区后,应向游客挥手致意,祝游客一路平安,然后再离开。如果自己有其他事情需要处理,不能等候很长时间,应向游客说明原因并表示歉意。

3. 带团游览

在中国旅游的宾客尤其是外国宾客,对所要旅游的城市及景点往往不甚熟悉或一无所知,需要导游员在带团游览中细致周到的服务。

(1) 乘车服务

出发乘车时,导游员应站在车门口照顾好游客上车,要主动帮助游客提拿物品,并轻轻放在车上。对游客中的老幼弱残者,要特别细心地予以照顾,上下车时,应主动照顾,搀一把或扶一程。游客中有男有女时,应照顾女士先上车。

引导游客乘车,要注意位次。若乘小轿车,应安排年长或位尊者坐在车后排右边位置,导游员坐在后排左侧位置或司机旁边。乘面包车时,其座位,以司机之后车门开启处第一排座位为尊,后排次之,司机座位前排座位为小;中型或大型巴士,以司机座后第一排,即前排为尊,后排依次为小。其座位的尊卑,依每排右侧往左侧递减。

(2) 途中服务

在去旅游点的路上,导游员切忌沉默不语,要向游客介绍本地的风土

第10章 旅游服务礼仪

人情、自然景观，特别是沿途的景象，回答游客提出的问题。

导游员讲解时，表情要自然大方，语气语调自然亲切，声音要大小适中，使用话筒时，音量、距离要适当。

抵达景点前，应向游客简要介绍景点的概况，尤其是景点的历史、价值和特色。还可根据游客特点、兴趣、要求，穿插一些历史典故、社会风貌等，以增加游客的游兴，但切莫出口成"脏"，不宜谈"黄"涉色、满口胡言乱语。

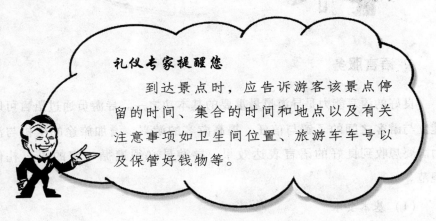

礼仪专家提醒您

到达景点时，应告诉游客该景点停留的时间、集合的时间和地点以及有关注意事项如卫生间位置、旅游车车号以及保管好钱物等。

(3) 游览服务

导游过程中可适当做些手势，但不宜太多，动作不要过大，不要手舞足蹈、指手画脚。要考虑不同文化背景来使用手势，不要使用一些不恰当的手势。

游客提问时，要耐心听取并及时做解答。如果自己正在说话或讲解导游词时，可亲切示意请对方稍等，待自己说话告一段落时再解答游客的提问，不可视而不见、充耳不闻。

与游客交谈时，对方不愿回答的问题，不要追问；遇到游客反感或回避的话题，应表示歉意，立即转移话题；与外宾交谈，一般不议论对方国家的内政；不批评、议论团内任何人；不随便议论宗教问题；与女宾交谈要谨慎，不要开玩笑；对宾客不要询问收入、婚姻状况、年龄、家庭、个

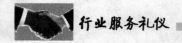

人履历等隐私问题。

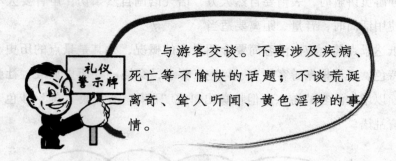

与游客交谈。不要涉及疾病、死亡等不愉快的话题；不谈荒诞离奇、耸人听闻、黄色淫秽的事情。

4. 语言服务

良好的语言能力是导游员最重要的基本功之一。导游员通过语言可以建立与游客之间的了解与信任，提高游客的游兴，增加旅途的生机与活力。要想收到良好的语言表达效果，导游员必须遵循一定的语言礼仪规范。

（1）基本要求

语音、语调要适度、优美。在讲解过程中，导游员的声音要适度，不高不低，以使在场的游客听清为宜。同时，导游员还应注意讲话声调的高低，讲解时要富有感情色彩，抑扬顿挫，但不矫揉造作、哗众取宠，以使语言具有音乐般的节奏感，悦耳动听，亲切自然。

要正确掌握语言节奏。导游语言的节奏涉及说话的快慢、语句的停顿及声调的高低，节奏运用得当，不仅使游客听得清楚明了，而且可以使他们心领神会、情随意转，从而收到良好的信息传递效果。若导游员说话快，游客可能听不懂、跟不上；讲得慢，游客听了上句等下句，既浪费时间，又令听者烦恼和不快。所以，导游员要根据游客的反应、理解力及讲解的内容等情况决定节奏快慢，该快则快、该慢则慢、快慢相宜、徐疾有致。一般来说，讲话的速度掌握在每分钟80个字左右为宜。同时，为了增强讲解在游客心理上反应的效果，导游员要善于运用停顿。讲解到一定的

第10章 旅游服务礼仪

时机，突然停顿，故意终止话头，暂时沉默，可以吸引游客的注意力，引发游客的思索，也可以使游客从全神贯注的倾听中放松出来，缓解一下紧绷的神经。

合理运用修辞手法和格言典故。导游员在导游讲解中运用比喻、拟人、夸张、排比等修辞手法，并恰当地使用游客所熟悉的谚语、俗语、歇后语、格言、典故等，不仅能够形象地描绘自然景观，而且有助于深刻地揭示社会真理，给游客以真实感和亲切感，从而可以起到言简意赅、举一反三的作用，增强导游者语言的生动性。

善于察言观色，注意把握时机。

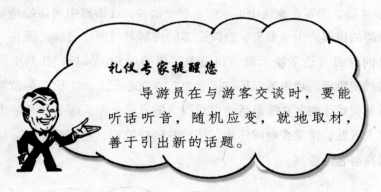

礼仪专家提醒您

导游员在与游客交谈时，要能听话听音，随机应变，就地取材，善于引出新的话题。

在游客讲话时，导游要耐心倾听，不要随便打断，要礼貌地插话，不要使游客感到尴尬，不粗鲁地转换话题。在交谈中，导游员要善于谈笑，但不能庸俗，不能信口开河，也不能喋喋不休；要先思后言，既不失言，更不能失态。

(2) 主要原则

① 准确。导游语言应当准确，这是导游在讲解时必须遵守的基本原则。在导游活动中，导游员信口开河、张冠李戴、杜撰史实，一旦被发现，游客就会产生极大的反感，就会有一种被蒙蔽、被欺骗的感觉，进而怀疑导游所有讲解的真实性，甚至会否定一切，产生不应有的恶劣影响。所以，导游员在宣传、讲解时，在回答游客的问题时必须准确无误。而

且,导游语言的科学性越强,对游客的吸引力越大,游客的求知欲越能得到满足,导游员也会因此受到更多的尊重。

② 清楚。导游语言的清楚性原则要求导游员在讲解和交谈时,口齿清楚,简洁明了,确切达意,措辞恰当,组合相宜,层次分明,逻辑性强。导游员应使用通俗易懂的语言,忌用歧义语和生僻词汇,尽量使用口语和短句,避免冗长的书面语;面对境外客人,使用中国专用的政治词汇时,要作适当解释,使用俚语要谨慎,要了解其正确含义及使用场合,对于文物古迹的历史背景和艺术价值,自然景观的成因和特点必须交代清楚,特别是有些人文旅游资源的价值较难理解,应着重给予清楚的讲解。

③ 生动。游客在旅途中追求的是轻松愉快,在游览中向往的是导游员活泼风趣的讲解。生动形象、幽默诙谐的讲解是导游语言美之所在。如果导游员的语言表达平淡无奇,和尚念经似的单调、呆板,甚至生硬、晦涩,必然使听者兴趣索然,还往往会使对方在心理上产生厌恶的情绪,这样的讲解很难让游客在旅游活动中获得美的享受。发人深省的导游语言能起到引人入胜、情景交融的作用,使游客轻松愉悦,越听越爱听,从而有助于提高游客的游兴。

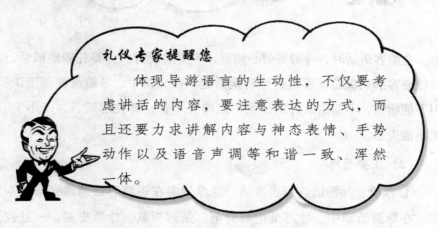

礼仪专家提醒您

体现导游语言的生动性,不仅要考虑讲话的内容,要注意表达的方式,而且还要力求讲解内容与神态表情、手势动作以及语音声调等和谐一致、浑然一体。

④ 灵活。导游讲解的灵活性原则要求导游员根据不同的对象和时空条件进行讲解,注意因人而异、因时制宜、因地制宜。按照这一原则,导游员在讲解中,应灵活使用导游语言,针对不同年龄、不同性别、不同阶

第10章 旅游服务礼仪

层、不同职业、不同文化修养和不同审美情趣的游客的特点，提供不同层次和语言形式的导游讲解，满足他们不同的审美要求。例如：对专家、学者、中国通，导游员在讲解时要注意语言的品位，遣词造句要谨慎、规范；对文化水平较低的游客，导游语言要力求通俗易懂。对初访者，导游员要热情洋溢，为游客多讲些景点知识。对年老体弱的游客，讲解时力求简洁从容；对青年游客，导游语言则应活泼流畅。总之，导游员通过灵活地安排讲解内容，使其深浅恰当、雅俗相宜，有助于每个游客获得美的享受。

5. 沟通协调

一名合格的导游员，要圆满完成带团任务，并尽量使每个游客玩得开心、游得满意，应详细了解所接团成员的姓名、国籍、身份、年龄、性别、职业、文化程度等方面的资料，并对他们的旅游动机、心理需求、游览偏好等情况做出大致的预测，从而对合理安排旅游路线、合理分配景点停留时间、确定景点介绍的重点，有一个全面的把握，以使整个接团工作在团队未来之前便已经心中有数。

游客的兴趣，往往具有多样性和复杂性，同时也具有多变性。如何使游客的兴趣由弱到强，并具有相对的持久性和稳定性，与导游员的积极调动和引导有很大的关系。激发游客游兴的因素包括两个方面：一是景观本身的吸引力；二是导游借助语言功能调动和引导的作用。

导游员在做景点介绍时，一定要注意讲解的针对性、科学性和语言表达主动性的完美结合，应根据不同的景点进行详略不同的介绍，有的具体详尽，有的活泼流畅，有的构思严谨，有的通俗易懂。

礼仪专家提醒您

景点介绍的风格和内容取舍，应始终以游客的兴趣为前提。

在旅游服务中，由于有相当多的不确定因素和不可控制因素，随时都会导致计划的改变。例如，有时由于客观原因游览景点要减少，游客感兴趣的景点停留时间要缩短；预订好的中餐因为某些不可控制的因素，临时改成吃快餐；订好了机票却因各种客观原因飞机停飞，只得临时改乘其他交通工具等，类似事件在接团和陪团时会经常发生。这些都会直接或间接影响到游客的情绪。情绪不佳很容易引起游客对服务的质疑和强烈的不满，引发双方的冲突，所以，导游人员应善于运用多种方法来调节游客的情绪。

在涉外团队接待中，由于来中国游览的游客来自于世界各地，兴趣爱好不同，所以提出的问题也不一样。对不同问题所采取的立场态度和所选择的回答方法，是检验导游人员灵活运用语言的能力和临场应变能力的标准之一。回答疑难问题可以运用下列方法：

●是非分明。游客提出的某些问题，往往涉及一定的原则立场，一定要给予明确的回答。

●诱导否定。当对方提出问题后，并不马上回答，而是想方设法诱使对方自我否定，自我放弃原来提出的问题。

●曲语回避。有些游客提出的问题很刁钻，难以回答，不如以静制动，或以曲折含蓄的语言予以回避。

●学会拒绝。游客的性格各异，要求五花八门，有些合理要求作为导游人员应当尽量予以满足，而有些要求却不尽合理。按照礼貌服务的要求，导游不要轻易对游客说"不"，有时可以运用微笑不语、先是后非等

第10章 旅游服务礼仪

方式拒绝游客，但要注意不要伤及对方的面子。总之，多数情况下，拒绝游客是不得已而为之，只要措辞得当、态度诚恳并掌握适当的分寸，游客是会予以理解和接受的。

6. 购物服务

旅游购物是旅游活动的一个组成部分，是旅游过程的延伸和物化。同时，购买满意的当地物品也是游客的需求。它对丰富旅游内容、提高旅游区形象、增加旅游收入、扩大社会效益都有极其重要的作用。

礼仪专家提醒您

低价竞争，通常使得购物成为旅游中的一个敏感字眼，游客往往把它同欺骗、宰客联系在一起。

因此在购物过程中，导游员要十分重视和讲究礼仪礼貌，以坦诚的态度、周到的服务，合理地安排好此项活动。

- 根据旅游团游客的要求，合理安排游客购物。如无此要求，不得强加于人。

- 去购物途中，要向游客介绍本地商品的特色，教游客鉴别商品的知识，当好游客的购物顾问。下车前，要交代清楚停留时间及有关购物的注意事项。

- 注意前后态度要一致，不能介绍景点时简单、敷衍，讲到购物就热情高涨，这样，会引起游客的猜疑和不信任。

- 导游人员应严格遵守导购的职业道德，应将游客带到商品质量好、价格公平合理的商店，而不应该唯利是图，为了一点"好处费"，昧着良心违背职业道德，与不法经营者相互勾结，从而损害游客的利益。

● 如遇小贩强拉强卖，导游人员有责任提醒游客不要上当受骗，导游人员本人不得向游客直接销售商品，不能要求游客为自己选购商品。

7. 应对突发事件

在游览过程中，有时会发生一些意想不到的特殊事情。导游员在带团过程中常见的突发事件有：路线与日程的变更；漏接、空接、错接及误机（车、船）事故；游客丢失财物、游客患病；天灾人祸等。对于这些突发事件，导游人员必须要有足够的思想准备，做好预防工作，更要掌握对于各类事件的预防措施，尽量避免或减少突发事件的发生。一旦发生，应善于决断，迅速及时地采取措施，以最恰当的方式处理好意外事件，同时注意处理过程中的礼仪规范。

● 向游客实事求是地说明困难，态度要诚恳，言辞要委婉，不可夸夸其谈、信口开河，任意夸大或扭曲事实。向游客进行耐心细致的解释，以防引起误解。

● 诚恳地道歉，以求得谅解。安排好在当地滞留期间的食宿、游览等事宜。

● 当游客丢失财物时，导游人员应稳定游客的情绪，请游客冷静地回忆，详细了解丢失情况，尽量协助寻找。同时要提供热情周到的服务，安慰失主，缓解失主的不快情绪。对发生此类事故应向失主表示歉意，并帮助其解决因物品丢失而带来的生活方面的困难。

● 游客患一般疾病时，导游人员要劝其及时就医并多休息。关心游客的病情，询问身体状况并安排好用餐，必要时通知餐厅为其提供送餐服务。

● 适当地给予物质补偿，必要时经领导同意可采取加菜、加酒、赠送小纪念品等物质补偿的方法，或者请旅行社领导出面向游客表示歉意。

● 自始至终坚持"游客至上"，以维护其切身利益与生命、财产安全为第一要旨。

后　记　*Postscript*

后　记

　　自 2001 年 7 月 13 日北京申奥成功以来，我多次应邀前往机场、车站、航空公司、出租车队、银行、酒店、餐馆、商场、医院，乃至公安局、旅行社、保险公司，宣讲、介绍服务礼仪。这从一个侧面反映出：作为当代中国的一扇窗口，我国的各种服务部门争先恐后地积极进行自我提升、自我完善，以期"内强素质，外塑形象"。

　　2005 年初，在我多次宣讲、介绍服务礼仪的基础上，由北京大学出版社组织摄制了由我主讲的《行业服务礼仪》电视教学片。它曾在中央教育电视台及国内多家省、市电视台播放，受到广泛欢迎。

　　经我的朋友，北京东方燕园教育科技发展有限公司于宏钧先生、刘磊先生建议，我在听取广大观众与专家、学者反映的基础上，兼纳上述电视教学片与行业服务礼仪现场讲座记录稿的精华，费时一年编写了这本《行业服务礼仪》。它的重要内容，是作为"窗口"的各种服务行业的服务规范。它的主要读者对象则是我国各种服务行业的广大从业人员。

　　就编写体例而论，本书分为《行业服务礼仪的基本规范》与《具体服务行业的礼仪规范》两篇。顾名思义，前者介绍的是服务礼仪的通行规则，即其"共性"。后者介绍的则是服务礼仪的具体要求，即其"个性"。就写作特点而言，规范性、对象性、技巧性和可读性，则是我最重要的追求。

　　本人一向认为：学以致用，乃做学问的最高境界。但因为作者水平有限，本书难免多有不足之处，不一定完全符合广大读者的实际需要。唯愿广大读者多多指正，使本书今后再版时能够有所完善。

　　最后，感谢广大读者对我的支持！感谢北京大学出版社与本书责任编辑为本书出版所做的一切工作！

作　者

2008年6月26日于北京